重庆市教育科学"十四五"规划2022年度重大课题"职业教育高质量发展推进技能社会建设策略研究"（课题批准号 K22YA309004）

教育部职业院校教育类专业教学指导委员会2023年度重点课题"基于课程体系构建的职业素养教育实践探索"（课题批准号 JYJZWGGK-2023A-36）

中国职业技术教育学会—新时代中国职业教育研究院职业教育2023年度重点课题"职业教育数字化转型下师德师风建设高质量发展研究"（课题批准号 SZ23B01）

职业教育高质量发展推进技能社会建设策略研究

金利　李凯　黄越岭　著

图书在版编目（CIP）数据

职业教育高质量发展推进技能社会建设策略研究 / 金利, 李凯, 黄越岭著. -- 北京：中国纺织出版社有限公司, 2024.4
ISBN 978-7-5229-1356-8

Ⅰ.①职… Ⅱ.①金…②李…③黄… Ⅲ.①职业教育-发展-研究-中国 Ⅳ.① G719.21

中国国家版本馆 CIP 数据核字（2024）第 032689 号

责任编辑：范红梅　　责任校对：江思飞　　责任印制：王艳丽
中国纺织出版社有限公司出版发行
地址：北京市朝阳区百子湾东里 A407 号楼　邮政编码：100124
销售电话：010—67004422　传真：010—87155801
http://www.c-textilep.com
中国纺织出版社天猫旗舰店
官方微博 http://weibo.com/2119887771
天津千鹤文化传播有限公司印刷　各地新华书店经销
2024 年 4 月第 1 版第 1 次印刷
开本：710×1000　1/16　印张：9.5
字数：140 千字　定价：78.00 元

凡购本书，如有缺页、倒页、脱页，由本社图书营销中心调换

前 言

党的十八大以来,以习近平同志为核心的党中央高度重视我国技术技能人才队伍建设。2021年全国职业教育大会上,创造性提出了技能型社会的理念和战略。技术技能人才是在我国工人阶级中发挥支撑作用的主体力量,是实施制造强国战略的有生力量,是创造社会财富的中坚力量,是创新驱动发展的骨干力量,在推动国民经济发展、赢得产业变革先机方面起着关键作用。2021年6月人力资源和社会保障部印发《"技能中国行动"实施方案》,提出要建成基本满足我国经济社会高质量发展需要的技能人才队伍。技能人才是技能社会建设的核心要素,是连接职业教育和技能社会的中间环节。职业教育在技能型社会建设中有着不可替代的重要地位,职业教育高质量发展是建设技能型社会的基础。

2019年《国家职业教育改革实施方案》明确职业教育作为类型教育的地位,到全国职业教育大会提出技能型社会建设的理念,2021年国务院办公厅印发《关于推动现代职业教育高质量发展的意见》,提出技能型社会建设的职业教育的发展维度,2022年新的《职业教育法》提出建设技能型社会的远景目标。《关于加强新时代高技能人才队伍建设的意见》为高技能人才的培养指明路径,国家对于职业教育高质量发展的关注日益提高,职业教育的立足点从教育体系内部转为服务国家社会经济发展。构建技能型社会,需要切实增强职业教育与经济发展的适应性。其背后的逻辑是对人才的供需匹配从传统的学历匹配、专业匹配转变为技能匹配。如何构建技能型社会,在技能型社会建设的背景下如何持续推动职业教育改革,实现真正意义上的职业教育与经济社会发展相融相通,是当前及今后一段时期内职业教育高质量发展需要思考的重要命题。

技能型社会建设是职业教育转型发展的重要支撑，为人才培养方向转型提供了前提条件。建设技能型社会要以大量的高素质技能人才为基础，职业教育是技能人才培养的主要教育类型，必须在技能型社会建设中发挥重要作用。如何理解技能型社会？技能型社会建设中面临哪些困难？职业教育发展如何支撑技能型社会建设？希望本书能够对上述问题提供一些有益的思考。

著　者
2023 年 12 月

目录

第一章 技能型社会建设 ……………………………………… 1
一、技能型社会与职业教育的相关政策 ………………………… 1
二、技能型社会的影响因素 ……………………………………… 6
三、技能型社会建设的指标要素 ………………………………… 8
四、技能型社会建设面临的困难 ………………………………… 9
五、技能型社会建设的优化路径分析 …………………………… 11

第二章 职业教育与技能型社会建设 ………………………… 14
一、职业教育在现代化进程中的价值 …………………………… 14
二、职业教育是建设技能型社会的重要保障 …………………… 16
三、职业教育助推技术技能人才队伍建设的时代成效 ………… 18
四、职业教育助力技能型社会建设的功能定位 ………………… 23

第三章 职业教育命运共同体建设 …………………………… 26
一、职业教育的跨界属性 ………………………………………… 26
二、数字经济与价值共生理论 …………………………………… 27
三、职业教育命运共同体的内涵和主体价值需求 ……………… 28
四、职业教育命运共同体价值共生面临的困难 ………………… 30
五、推进我国职业教育命运共同体各主体价值共生 …………… 32

第四章 职业教育高质量发展策略 ……………………………… 36
一、职业教育高质量发展概述 ………………………………… 36
二、职业教育高质量发展的基本原则 ………………………… 42
三、教育对象视阈下职业教育高质量发展的实践向度 ……… 44
四、技能型社会建设背景下职业教育高质量发展的思考 …… 46

第五章 职业教育高质量发展重要切入点：产教融合、校企合作 … 50
一、职业教育产教融合的重要价值 …………………………… 50
二、实习与技能形成 …………………………………………… 51
三、实习面临的挑战与风险 …………………………………… 53
四、美国合作教育（实习）参与主体的关系 ………………… 57
五、成渝地区打造产教融合高地的思考 ……………………… 61

第六章 职业技能竞赛赋能职业教育高质量发展 ……………… 66
一、大赛对学生职业发展具有积极作用 ……………………… 67
二、技能大赛冠军职业可持续发展存在的问题 ……………… 68
三、对策建议 …………………………………………………… 69

第七章 美国德雷塞尔大学合作教育校企合作机制 …………… 73
一、工学结合模式 ……………………………………………… 73
二、合作教育的运作模式 ……………………………………… 75
三、合作教育高质量的合作企业 ……………………………… 76
四、合作教育的特点 …………………………………………… 77
五、合作教育项目的优势 ……………………………………… 81
六、对职业院校实习工作的启示 ……………………………… 82

第八章　进一步加强世界技能大赛选手的培养力度 ················· 85
　　一、我国参加世界技能大赛现状 ································· 86
　　二、技能大赛选手培养的影响因素 ······························· 86
　　三、培养技能大赛选手面临的困难 ······························· 88
　　四、发展建议 ··· 90

第九章　重庆市职业教育与制造业匹配情况 ······················· 93
　　一、重庆市制造业发展状况分析 ································· 93
　　二、重庆市制造业对职业教育的人才需求 ························· 96
　　三、重庆市制造业对职业教育配套的需求与矛盾 ··················· 97
　　四、重庆市职业教育发展建议 ··································· 99

参考文献 ·· 107

附录一　重庆市人民政府关于加快推进全市产业园区高质量发展的意见 ·· 109

附录二　重庆市教育委员会关于做好2022年高等职业院校专业调整工作的通知 ·· 116

附录三　重庆市人民政府办公厅关于2023年上半年全市职业学校办学条件达标工作推进情况的通报 ································· 125

附录四　重庆市人民政府办公厅关于印发打造市域产教联合体深化现代职业教育改革实施方案的通知 ··································· 133

第一章 技能型社会建设

技能社会与文凭社会是两个概念，文凭社会注重文凭证书的覆盖普及情况，技能社会则更关注技能形成的过程。文凭社会中，正式教育供给的主产品是进入某一社会阶层的入门证而非技能。技能社会更关注技能形成的社会基础和制度环境，分析不同主体在技能形成过程的互动，关注技能形成的经济社会后果。建设技能型社会的目标是通过技能形成推进人力资本提升，推动产业发展和区域经济协调发展，培养合适的技术技能人才来满足行业企业转型升级需求，为达到这一目标，需要相匹配的职业教育体系、企业治理机制和社会制度环境相匹配。

一、技能型社会与职业教育的相关政策

2021年全国职业教育大会上，创造性提出了技能型社会的理念和战略。2021年中共中央办公厅、国务院办公厅印发《关于推动现代职业教育高质量发展的意见》，提出了技能型社会建成的标志性指标：到2025年职业教育类型特色更加鲜明，现代职业教育体系基本建成，技能型社会建设全面推进，职业本科教育招生规模不低于高等职业教育招生规模的10%，职业教育吸引力和培养质量显著提高。到2035年，职业教育整体水平进入世界前列，技能型社会基本建成，技术技能人才社会地位大幅提升，职业教育供给与经济社会发展需求高度匹配，在全面建设社会主义现代化国家中的作用显著增强。2022年10月《关于加强新时代高技能人才队伍建设的意见》出台，指出职业教育是与技能型社会形成最直接相关的教育类型，是培养技能人才的重要阵地和最前方阵，建设技能型社会需要构建以行业企业为主体、职业学校（含技工院校）为基础、政府推动与社会支持相结合的高技能人才培养体系。职业教育的高质量发展对于技能型社会建设具

有重要作用，职业教育在培养高技能人才方面发挥着基础性作用，要进一步优化职业教育类型、院校布局和专业设置。允许职业学校开展有偿性社会培训、技术服务或创办企业。实施现代职业教育质量提升计划，支持职业学校改善办学条件。2022年5月《职业教育法》颁布，指出制定职业教育法是为了推动职业教育高质量发展，提高劳动者素质和技术技能水平，促进就业创业，建设教育强国、人力资源强国和技能型社会。《职业教育法》从三个方面向我们传递出了现代职业教育高质量发展的未来路径：一是让职业教育贯通人的全生命周期。二是让职业教育形成多元主体参与的生态。三是让职业教育得到寻常百姓的认可。

（一）技能型社会的内涵

技能型社会是经济社会发展到一定阶段的特征描述，反映了技能型人力资本和技术进步对经济增长所起的积极作用，有利于促进社会成员全面发展、社会价值充分体现、社会可持续发展。是以人的全面发展、技能提升为中心，从学习者的技能学习出发，强调技能的形成过程，以技能习得求发展，构建国家重视技能、社会崇尚技能、人人学习技能、人人拥有技能的社会。建设技能型社会需要技能"长入"经济、"汇入"生活、"融入"文化、"渗入"人心、"进入"议程的社会氛围，离不开面向全体人民、贯穿全生命周期、服务全产业链的职业教育体系。产业转型迭代升级对技能人才培养提出了更高的要求，建设技能型社会是推动经济社会发展的基础保障，技能是技能型社会的本质和核心，技能形成体系是重要载体，技能共同体是建设逻辑，凸显技能型社会教育体系的类型特色，构建实现终身技能学习的义化环境。从社会建设的视角来看，在社会结构转型的关键期，技能型社会通过提升劳动者的知识技能水平，促进优质就业，扩大中等收入群体比重，以技能提升实现人民生活水平的提升，推动区域产业迭代、城市规划、技术技能人才培养、技术成果转化等要素在政策上相互支撑、数量和结构上适配衔接、效果上共生共进。

（二）技能供给的主体

工业社会到来后，传统师徒制式的非正式技能形成方式不能适应新的环境，面临诸多挑战，学校逐渐成为技能供给的主体。作为正式技能训练机构，学校在技能供给的规模化、系统化、理论化、规范化等方面有着独特的优势。技能知识和技能经验在技能形成过程中密切互动，推动形成有效技能。作为一种相对独立的机构，学校也面临着事关技能形成治理的重要命题，即如何在技能培训过程中与产业技能需求相结合。因此，我们倡导多元化的技能供给主体，学校、企业、社会培训机构等都可以作为技能供给主体。企业与企业之间的关系、技能供给主体与受训者之间关系以及企业与学校之间的关系协调，会对技能形成效果产生直接影响，如何构建合适的制度安排以协调不同技能供给主体之间的关系成为关键问题。

1. 国家

技能教育的行政主管部门通过计划性劳动人事制度和行政化的技能评价认证制度来推动技能形成过程。国家对技能形成的干预控制，有助于配合国家需要进行技能培训供给，如计划经济时期广泛建立的技术技能人才技能形成体系，实质上就将国家工业化战略方面的技能需求与改造旧社会培育新社会力量的意图，贯彻在整个技术技能人才技能形成过程中。但是国家直接的行政控制会带来很多负面影响，因此目前更常见的是国家通过法律法规对技能形成过程进行间接指导，直接控制很少见。

2. 行业组织

行业组织对技能形成的控制通常源于政治授权，其对技能形成进行控制的基础是对执业资格的决定权。监督考核技能培训教材、技能培训质量、评价技能水平、认定技能培训机构资格也是对技能形成进行干预控制的方式。

3. 企业组织

企业组织一般通过订立劳动契约、开发教材、定向委托或师徒制以及内部技能评价考核等方式对技能形成的过程进行干预。企业主导控制下的技能形成体系，所供给的技能与企业需求之间的适配度会更强。但不同企业之间技能共享和标准化程度较低，会阻碍技术工人在不同企业之间的流动。另外，从社会学劳动过程理论来看，技能形成可能沦为劳资冲突工具，如企业通过提高生产过程的自动化程度降低对技术工人的依赖，通过去技能化以强化对技能形成的控制。

4. 学校

工业化大生产对技能形成了规模化需要，学校尤其是职业学校主导的技能形成体系能够有效满足这个需求。以学校为主导的技能形成体系需要关注两方面问题：一是学校主导的技能形成与产业发展的技能需求的适应性；二是职业学校的社会吸引力。职业学校的人才培养质量、学生未来的就业前景和社会地位都是影响因素。

（三）技能型社会的特征

1. 技能匹配产业结构需求

劳动力的素质和技能水平是决定产业发展的要素，能够有效促进区域经济的发展。产业结构迭代升级持续推动劳动者技能提升，劳动者通过技能提升有效促进生产要素的有序流动，推动产业集聚和结构优化，推动区域经济社会发展。人才供给侧与行业企业需求侧精准对接，院校与企业通过合作为各自的可持续发展提供核心竞争力，才能促进技能形成的高效率。

2. 推进技能形成与企业岗位需求对接

根据岗位技能需求，企业参与制订技能提升的培养方案，重构课程体系，将真实项目、任务、场景有机融入教学，实现教学过程与生产过程对接。拓展产教融合平台，发挥行业企业在技能形成中的主体作用，形成"院校—行业企业—政府—科研院所—产业园区"产教融合创新生态系统，实现技能形成教育体系与区域产业转型发展之间的协调统一。

3. 技能匹配人的全面发展需求

技能形成是劳动者获得技术、技巧和能力的过程，是提升人力资本，获得全要素生产率的有效途径。不同层次人群对技能有不同的诉求，高质量发展的技能形成体系要能够与之匹配，实现高质量发展。为了适应不同群体在不同阶段对公共技能和专业技能的需求，应构建与人的全面发展相适配的技能形成的教育培训体系和协调运行机制。

4. 技能制度适应产业转型升级

设计与产业结构、人才成长规律相适应的技能形成路径和制度环境是技能型社会建设的关键。技能形成体系的制度安排和环境创新是实现产业转型升级的前提基础。需要从经济环境和社会环境两方面系统考虑与产业发展匹配的技能投资、技能供给、技能认证、技能使用制度。技能型社会所需的区域制度环境包括：合理规划产业升级进程，完善技能投入机制，构建现代职业技能教育体系，从院校、企业和社会层面建立职业技能规范化、制度化的培养体系，以及与之配套的技能资格认定、薪酬体系、评价机制和产教融合、校企合作机制，适应产业的技能培养规划等。

（四）技能形成过程

1. 人力资本投资与技能形成

人力资本是体现劳动力质量的核心指标，是一种无形的资本。著名经济学家舒尔茨认为劳动者的知识、技能和健康等因素的总和构成了人力资本。贝克尔把技能作为人力资本的组成部分，人力资本一旦形成就很难被其他部门包括政府没收，这是人力资本与其他资本类型的不同之处。在贝克尔看来，人力资本投资不但具有促进国家和个体收入增长的经济功能，更具有减少社会不平等、弱化阶级冲突的社会功能。上学、在职培训、医疗护理、移民等用于人力资本形成的成本性支出均可以归为人力资本投资。人力资本投资所带来的收益包括收入增长等有形收益，也包括良好的人际关系等无形收益。人力资本理论推动了很多国家加大对教育领域的投入以及对贫困家庭教育上的扶持。

2. 技能形成的成本分担

国家公共财政对教育投资，是提高弱势社会群体教育获得，进而改善社会不平等程度的重要手段，也是工人阶层分享发展成果、融入社会的基本路径，是调和经济增长与社会平等冲突的有力工具。但公共财政教育投资作用的充分发挥需要其他重要制度条件（如技能形成体系）作为支撑。技能形成是一种社会行为，也是一种经济行为。技能形成需要成本投入，为技能形成买单的通常包括政府部门、企业行业组织、受训学员个体及其家庭。技能形成政策既是经济政策，也是社会政策。技能形成的成本分担机制会影响到相关行动者的策略选择。技能形成体系在实践中发挥了两方面作用：一是技能形成作为待业或失业工人重新就业以摆脱贫困的重要手段，这种情况多由公共财政买单，发挥社会救济角色。二是通过技能训练提升劳动者的技术技能水平，可以更好支撑产业发展和升级。这种情况下，技能形成的成本承担受制于多种因素。在就业保护和失业保护水平较低的国家，为了应对劳动力市场的不稳定性，偏向于投资通用型技能。就业保护和失业保护水平较高的社会保障制度下，偏向于投资专用型技能。

二、技能型社会的影响因素

技能不仅以个体为载体，更依赖于超越个体层面的组织、组织间的协作关系以及宏观的制度。技能型社会建设受到多种因素的影响，包括区域经济社会产业结构、人口要素、环境条件、教育系统、制度政策等。技能社会是职业能力社会化的载体和核心，由技能型社会教育体系、技能形成制度体系、技能激励系统、技能合作体系等要素构成。从体系建设层面看，具有类型特色、体系健全、多方参与等突出特征；从治理角度看，受"全民参与""政府治理""终身开发""高效利用"等关键要素的影响；从产业需求视角，在"技能培养""技能利用"和"技能治理"等方面呈现出鲜明的社会性。从个体技能视角看，技能培养与提升需要通过参与社会实践或组建实践共同体来习得技能。

（一）技能形成体系

技能形成是技能社会建设的重要前提，它包括个体获得技能、知识和能力的过程，也包括这个过程中系列的制度安排，受到文化、历史、经济等多重因素的作用。探索劳动者技能形成必须将其置于特定的社会文化体系之中。技能形成体系是指一个国家提供技能资本的体系。由两部分组成：一是正规教育为主的外部技能体系，即职业教育体系；二是企业为主的内部技能体系。国家的技能形成体系是国家政治经济和历史文化等体制因素合力作用的结果。不同的国家制度、环境塑造了多样化的技能形成体系特征,国家的政治经济制度、教育制度、社会环境等都会与技能形成体系发生相互作用,技能形成是一个生态系统,政府、社会、企业、学校、劳动者等多个主体参与其中。技能型社会建设的教育体系贯穿人的全生命周期,涵盖了基础教育阶段的技能启蒙、职业教育阶段的技能养成、企业内训阶段的技能提升、社会培训阶段的技能补给、继续教育阶段的技能获得。技能标准为技能提升和转换提供统一的度量衡,是贯穿体系建设的核心。

(二)技能形成制度体系

技能形成制度是技能型社会建设的基础保障,技能形成体系需要完善的制度体系作为支撑,并受国家教育体系结构变化的影响。技能形成制度体系是国家协调社会各职能部门和利益群体,以社会合作的方式培育社会经济发展所需技能的制度系统。该系统涵盖技能形成、利用和激励等各项制度,将制度规范化、标准化并形成模式,支持创新驱动,彰显职业教育类型特色。技能形成制度安排受制度基础因素影响,例如,劳资关系制度、用工制度、金融制度等,这些制度与技能形成制度相互匹配,不同的技能形成制度模式匹配不同的劳资关系、用工制度、金融制度。同时,区域经济社会发展、技能水平、人口结构、教育基础等因素也会影响技能形成制度。

(三)产教融合程度

合作共生是技能治理体系的前提基础。开展产教融合,一方面促进职业教育的高质量发展和内涵建设,另一方面为企业转型升级提供各层次的技术技能人才和技术创新支持,促进员工整体技能水平的提升。深化产教融合、校企合作是技能型社会建设的基础,其本质是以不断优化技能供给结构和质量,适应产业持续发展的技能需求为目标,根据区域、行业的技能建设基础,创新技能形成的合作交易模式,与政府、行业协会、科研院所、产业园区形成技能提升的良性循环链条和运行机制。建立符合技能形成基本规律和区域特点的技能协作关系,将企业要素有机融入技能形成的过程,创新合作模式,推动企业发挥主体作用,加强院校与企业、企业与企业之间资源要素互补和共建共享,促进技能供给侧与产业需求侧的精准对接,是技能形成体系的核心着力点。

（四）区域产业结构

产业结构升级是技能形成的目的和动力。我国各地经济社会发展不平衡，受产业结构、资源、文化、技术等因素影响，加之地方各级政府对国家战略的实施担负着不同职责，在政策统筹和制度化设计方面，不同地区具有特色差异。区域经济生产总值（GDP）、空间特征、产业结构、生产性服务业就业比重等都对区域技能形成构成影响。区域产业结构不同对劳动力的技能水平、层次、结构要求不同。不同技能需要不同的习得规律，从产业到职业再到技能的习得和形成，需要进行系统性的设置和重构，这决定了人才培养的逻辑和模式的不同。一方面是技能形成路径层面，技术赋能教育促进技能形成路径创新，体现在重构课程体系、重组教学内容、创新产教融合载体、评价技能形成方法等方面，是技能的先进性和可持续发展性的有力保证；另一方面是技能形成策略层面，包括技能形成教育体系中专业集群与产业集群的对应性，教育体系中人才培养结构比例与产业规划的适应性，技术技能人才培养投入与区域产业经济产出的耦合协调性。突出人才培养结构配置、专业设置、培训项目与产业发展的适应性。

三、技能型社会建设的指标要素

从提升职业教育与经济社会适应性的视角，可以运用定量与定性相结合的方法对技能型社会建设情况及成效进行测度和评价。有利于促进社会各方深入理解技能型社会的内涵，进一步推动各方形成建设合力，提高公共资源整体配置效率，推进技能型社会建设水平提升。霍丽娟以技能基础—技能形成—技能利用为主线，围绕实现产、城、人之间协调统一展开对技能型社会建设的评价。增加协同治理和产教融合的维度，审视在优质就业、技能适配程度和优化提升方面的成效。从技能适配、技能形成、技能治理、技能利用四个评价维度展开，包括系统自身的技能供给能力、体系建设完善程度，以及外部的基础资源聚集度、产业匹配度、产教融合度和治理协同度。在技能型社会建设基础层面，考虑人口、区域、产业和环境要素，包括地区生产总值（GDP）、人均GDP、城镇化率、人口红利指数（劳动人口占比）以及产业结构高级化指数；在技能型社会建设水平层面，从产业匹配基础（包括产业匹配度、技能形成体系、治理协调度、产教融合度四个要素）将社会制度体系和顶层设计与个人的技能形成相适应；在技能利用层面，将优质就业、产业适配和技能优化作为支撑技能利用的维度（图1-1）。

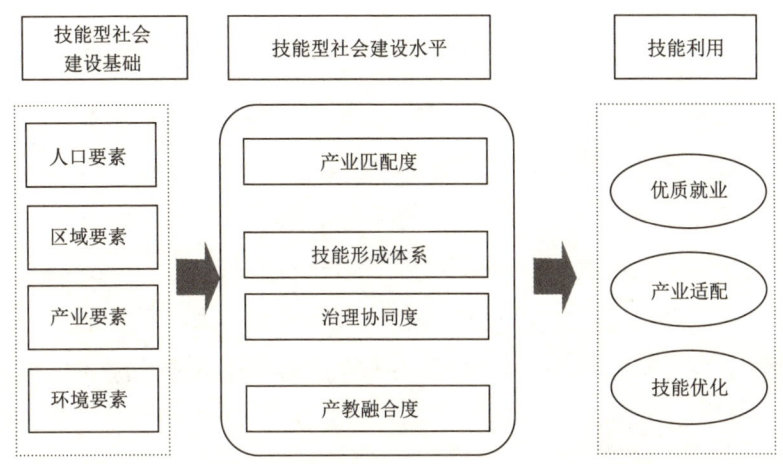

图1-1 技能型社会建设指标体系要素构成

四、技能型社会建设面临的困难

（一）技能形成体系中的制度冲突

我国国家技能形成体系存在一些制度冲突，技能形成体系中的制度冲突已经成为阻碍技能生产、劳动保护乃至国家制造业创新能力提升的深层制度根源。首先，当前制造业创新提升为国家战略，但由于技能劳动力市场自由弹性被不断强化，频繁出现的用工短期化和"挖人"外部性不断破坏制造业创新所需要的技能累积基础。其次，意识到了职业教育对于国家创新能力建设的重要性，但是不断扩大的高等教育招生规模，出台便利于职业教育向学术教育流动的政策，更强化了职业教育"托底"的性质，无法为产业升级提供匹配的高技能劳动力。最后，由于工业自治组织不具备技能考核和认证权力等准公共权力，导致中国企业缺乏参与建构技能形成体系的积极性，技能不匹配引发的"技工荒"等问题仍然得不到解决。不断拉大的技能工资极差，使技能劳工阶层内部两极分化，基层技术技能人才沦为弱势群体，权利得不到保护，年轻人更不愿意从事基础性技能岗位。

（二）多元主体协同性不足

劳动者技能形成的过程是多元主体相互博弈的过程，个体的技能形成不是任何一个单独主体所能主导的，必须要政府与市场、企业、社会等多元主体协同参与。构筑国家、市场、社会、学校等多元主体协同参与的制度体系是建设技能社会面临的最大问题。现实中主体之间的信任机制尚未完全建立。技能社会建设所需的社会保障体系、社会服务体系不够健全，客观上增加了各个主体建立协同合作机制的成本。在技能社会建设中扮演重要地位的职教体系，在劳动者技能形成过程中并未取得预期效果，自由劳动力市场的发展，降低了企业在劳动者技能形成过程中的参与积极性，使得企业在参与劳动者技能形成过程中更加注重成本问题。

（三）校企合作机制不健全

职业教育体系的技能供给与企业用工需求之间的脱节是困扰职教可持续发展的重要问题。职业教育是技能社会建设中不可缺少的主体，是一种制度化、规模化的技能供给主体，以为产业培养大量德技兼修的技术技能人才作为中心工作。高质量的校企合作机制是保障职业教育体系技能供给的前提，要提升校企合作的效率和质量，关键在于建构一套制度支撑体系，平衡职业院校与企业的利益和不同企业间的竞争。资源在利益交换过程中具备充分的流动性和有效性，校企合作才能保持动态持续。有学者提出构筑校企合作共同体的思路，或者尝试从利益相关者的视角来分析校企合作中的多元主体利益协同问题，建设职业教育命运共同体利益联结机制。但是利益联结机制存在不同主体之间的强弱关系不同，要使得校企合作机制能够长效运转，多元主体必须在实践过程中达成基本共识。

（四）平台经济的扩张

数字平台的发展及用工模式为自由择业创造了大量的机会，使得很多无技能、低技能的劳动者得到了就业机会，丰富了现有的劳动关系结构。平台经济的发展，一方面提升了用工的灵活性，另一方面也使得劳动者陷入被技术体系控制的困局之中。技术进步的速度快，对劳动者的技能更新要求高；灵活用工方式重构了劳动关系，一旦渗透到实体经济领域，则会影响劳动者的技能积累。有学者认为零工经济是一种基于技术手段创造出来的虚假自由和数字化的劳动控制。在实体经济特别是工业经济领域，劳动者技能形成需要时间的积累，需要稳定的组织体系，过于灵活化的用工机制无益于劳动者技能的提升。首先，平台经济的技术控制机制降低了劳动者技能形成从陌生到熟练的试错成本，压缩了劳动者技能积累的空间；其次，任何劳动者形成有效技能需要稳定的生产空间和劳动关系，数字经济的用工模式压缩了劳动者技能积累的空间，从而对技能社会建设带来了新的挑战。

（五）技能劳动者融入城市的障碍

技能劳动者人员流动较快，农村进城务工的技能劳动者更是如此。技能不仅是劳动者获得生计的手段，也是他们融入社会的通行证。有学者调查发现，我国技术技能人才的流动性极高，平均每隔1.5年就会变换一个岗位，平均每隔1.8年就会更换一家企业，平均每隔2.2年就会更换一座城市。户籍制度的限制以及工作岗位的高流动性，加剧了技能劳动者融入城市的难度。对于很多技能劳动者而言，与其接受职业培训，更愿意提升自己的学历，折射出他们对职业认同感不高，加剧其生存的焦虑。在市场力量的作用下，企业用工模式、社会服务体系、社会福利待遇等不健全及资源分配的不公正，技能劳动者是一种职业而不是身份，技能劳动者职业晋升空间有限，日渐成为社会弱势群体。

五、技能型社会建设的优化路径分析

（一）完善多元主体协同参与机制

技能型社会建设需要政府、市场、企业、学校等多元主体的共同参与。政府部门要充分发挥其引导作用，建立部门间协同治理系统，完善多部门协同共治的运行机制，监督各个主体履行自身权责义务。完善技能型社会建设的制度体系，在技能投入比例、技能形成教育系统、技能认证、技能利用以及产教融合等方面完善制度保障。建构技能培训平台、公共职业训练平台等技能社会建设的公共服务体系。发挥好各类企业的主体作用。鼓励企业为教师学生提供实践、实训场地和岗位，加快资源共建共享，分担人才培养成本。做好在职员工培训，实现职前、职中、职后教育和培训的一体化，夯实校企合作机制，将企业员工继续教育体系与职业院校、社会培训机构的教育培训体系相互衔接。职业院校是技能型人才教育和培训的主体，要利用好自身的资源、教学、课程等优势，推动与企业共同开展技术研发和社会服务，促进技能转化效率。社会培训机构也应发挥好自身的补充作用，利用好自身灵活办学优势，加强与政府、企业和职业院校的合作。行业组织可以在职业教育及培训指导、办学评价和监督等方面发挥独特作用，为技能型人才培养提供针对性的建议。

（二）整合教育与培训资源

技能社会建设是一个长期工程，不仅需要正式职业教育及其资源的支撑，更需要从劳动者技能形成、技能发展的角度来构筑终身学习体系。教育资源特别是职业教育资源是技能型社会建设的重要支撑，需要大力推进职业教育、技工教育和社会培训等一体化整合，衔接技能型人才保障体系与职业教育培训体系。国家要促进形成技能型人才培养体系，完善技能人才职业等级制度和职业资格证书制度，提高各类职业资格证书的公信力，解决劳动力市场信息不对称问题。在技能社会建设中，各类教育主体应当发挥各自的作用，不断增强自身的适应性，强化协同效果。职业教育主要是面向学龄群体，技工教育和社会培训更多的是面向社会群体。职业教育要探索技术赋能下的人才培养模式创新，针对产业结构需求规划专业设置，以专业集群对接产业集群，实现技能形成教育体系的纵向贯通，提高技能供给的质量。构建以就业技能培训、岗位技能提升培训和创业创新培训为主要形式的实施体系，推行终身职业技能培训制度和在岗继续教育制度，构建满足技能提升需求的技能形成培训系统，制定国家资历框架，促进不同教育类型的横向融通。建立终身职业能力开发制度，根据劳动者的技能需求开展培训，促进劳动力拥有可持续应对就业变迁的能力。

（三）完善技能型人才保障体系

技能型人才是技能社会建设的主要力量，激发他们的获得感和职业认同感，需要全方位构筑相应的人才保障体系，加速技能型人才融入城市社会，充分发挥技术工人和技术技能人才技能社会建设的主力军作用。第一，多方面提升技能型人才的社会地位和福利待遇。越来越多的技能型人才关注向管理岗转换的问题，因此企业要探索从一线生产者中提拔管理人员的相关机制，从政治待遇上提升技能型人才的晋升空间。在工作收入方面，加大分配机制改革，完善企业工资分配机制，鼓励企业收入向生产一线工人倾斜；营造各层次各类型并重、重视技能人才和尊重技能人才的良好社会环境，健全培养、考核、使用、待遇相统一的激励制度，鼓励企业在工资结构中设置体现技术技能价值的工资单元，打破以学历为主要依据的定薪制度。在社会待遇方面，进一步完善社会福利机制，在购房、落户、子女教育、医疗、养老等方面实现与城市其他劳动者一致，为技能型人才体系工作提供保障。第二，加强技能文化的宣传。通过技能大赛、名师竞赛等活动来提升人民群众对职业教育、技能劳动的认可度，激励和带动更多的人关注职业教育、关注技能社会建设。各级政府和各类企业要不断加大职业教育文化的挖掘和宣传，大力推进大国工匠、能工巧匠、乡村工匠等典型事迹的宣传，扩大职业教育的类型化宣传，提升技能劳动者的荣誉感和职业认同。第三，健全公共就业服务体系。建立运用大数据支撑行业需求、民生品质提升需求的数据平台，完善就业信息服务制度，建立区域技能提升动态调整机制，支持人才规模、层次、结构匹配需求调整，提高技能利用配置效率。

第二章 职业教育与技能型社会建设

"十三五"时期，我国深入实施"中国制造2025"和人才优先发展战略，我国需要职业教育培养一批技能熟练的技术技能人才，为实现制造业"大国"向制造业"强国"的转型提供支持。为推动创新驱动和产业结构升级，国家越发重视技术技能人才尤其是高技能工人的培育。为解决长期困扰制造业发展的"技工荒"难题，2017年中共中央、国务院印发《新时期产业工人队伍建设改革方案》，建立多方力量共同参与的职业教育培训体系，统筹发展职业学校教育和职业培训，为职业教育继续完善技术技能人才的培养培训工作指明了改革方向。

一、职业教育在现代化进程中的价值

现代化是以工业化为核心，推动经济增长、思想革命、制度创新和社会转型的发展历程，是人类历史发展的伟大变革。中国式现代化是超大人口规模的现代化，是经济、社会、文化、教育的全面现代化。职业教育在现代化进程中作出了不可替代的贡献，发挥着服务经济发展、促进民生改善、优化教育体系、增进国际交流的作用。

（一）为经济高质量发展赋能

作为对接产业最密切、服务经济最直接的教育类型，职业教育在经济高质量发展中起到了重要的人力资源供给和生产力转化作用。职业教育主动使用经济结构调整和产业变革，紧盯产业链条、市场信号、技术前沿和民生需求，为产业经济提供人才红利。截至2022年，职业教育专业设置覆盖国民经济各领域，设置 1300 余种专业和 12 余万个专业点。在现代制造业、战略性新兴产业和现代服务业等领域，一线新增从业人员 70% 以上来自职校毕业生。为数字经济跑出加速度提供先导力量。职业教育紧盯数字经济技术前沿，布局一批新型专业，提升数字技能人才培养能力。大力改造提升传统专业，使人才培养适应数字经济变革。与华为、腾讯等数字经济头部企业联合培养大批数字化技术技能人才，服务数字产业化和产业数字化。为生态经济提供"绿色技能"转化服务，扩大绿色低碳技术技能人才供给规模。职业教育积极参与"绿色技能"开发，设置绿色低碳技术、智能环保装备技术等专业，在教学标准体系中融入绿色低碳环保理念，把绿色要素、绿色理念融入职业学校课堂教学全过程。通过亚太经合组织（APEC）的"职业教育系统开发绿色技能"项目，将绿色、环保、可持续发展理念融入职业教育与培训体系之中。我国职业教育在"引进来""走出去"中不断实现"再提升"，成为国际经济、技术和文化交流的重要载体。截至 2022 年 9 月，与 70 多个国家和国际组织建立了稳定联系，与 23 个国家和地区合作建成 25 家"鲁班工坊"，在 40 多个国家和地区合作开设"中文＋职业教育"特色项目，帮助"一带一路"沿线国家培养技术技能人才，推动技术文化交流。

（二）为社会协调发展助力

职业教育在满足人的多样化发展，推进社会协调发展中发挥着重要作用，是防止阶层固化、保持社会活力的重要途径。职业教育为人的多样化发展提供通道，树立开放包容融合的大教育观，建立服务全民终身学习的现代职业教育体系，为学生提供多样化选择、多路径成长机会。为实现高质量就业搭建阶梯。职业教育人才培养对岗位的适应性不断增强，职业学校毕业生就业率连续保持高位，专业对口结业率稳定在 70% 以上。职业教育为缩小贫富差距提供途径。我国大力发展面向农业农村的职业教育，构建农村职业教育与培训优质资源体系。2021 年，推介百所乡村振兴人才培养优质校。据不完全调研，2021 年，42 所乡村振兴人才培养优质校共培养 28190 人，有效服务于现代乡村产业体系建设。职业学校 70% 以上的学生来自农村，"职教一人，就业一人，脱贫一家"成为阻断贫困代际传递见效最快的方式。2013 年至 2020 年年底，累计有 800 多万名贫困家庭学生接受职业教育，成为脱贫攻坚和乡村振兴的生力军。近年来，我国将职业教育作为优化教育结构和教育综合改革的重要突破口,提高职业教育质量,增强职业教育适应性,动态适应新经济、新技术、新业态、新职业发展变化,在规模和质量上同步提升,职业教育稳居中国高等教育的半壁江山。我国始终坚持以人民为中心的发展思想,将职业教育作为优质教育均衡发展的重要内容,努力让14亿多人民享有公平而有质量的教育。

二、职业教育是建设技能型社会的重要保障

职业教育是不同于普通教育的另一种类型的教育,普通教育以基础科学知识为主要教学内容,以升学为目标。职业教育以"实业"为目标,担负着职业技能知识的传承,是国家就业保障的关键一环。职业教育是国民教育体系和人力资源开发的重要组成部分,它承担着经世济民、求是致用的历史重任,与国家命运和家庭幸福紧密联系,发展职业教育已经成为世界各国应对经济、社会、人口、环境、就业等方面挑战,实现可持续发展的重要战略选择。我国职业教育历史悠久,早在19世纪中叶,一批有识之士创建了福建船政学堂等实业学校,标志着中国近代学校职业教育的正式诞生。进入新时代,职业教育被摆在经济社会发展和教育改革创新更加突出的位置,职业教育肩负着培养多样化人才、传承技术技能、促进就业创业的重任,在支撑国家产业结构转型升级、推进中国制造和服务的水平、保障民生等方面作出了突出贡献。

(一)"技工荒"与职业教育

技术技能人才技能形成是制造产业转型升级的重要支撑。当前我国制造业发展的一大挑战是技术技能人才劳动力供给不足,尤其是技能型技术技能人才的供给缺乏,这种现象被称为"技工荒"。"技工荒"意味着劳动力市场上技能供给,特别是有效技能供给与企业需求之间存在差距,是劳动力短缺的一种表现。技工总量短缺反映为高技能劳动力数量少、比例低。反映在制造业企业中则是广泛存在的招聘困难,尤其是技术工人招聘困难。技能质量滞后是指劳动力技能水平低、可替代性强、难以支撑产业升级的要求。职业教育是技能形成体系的基础环节,其重要性越来越得到社会各界的重视,国家对职业教育在技术技能人才培

养的功能也充满期待。技能形成是一个系统性工程，包括技能知识的学习与技能经验的积累，既需要内部培训作为支撑，也需要依靠外部培训的力量。前者以企业为主体，通过在职在岗学习与培训的方式实现技能的自我生成；后者通过自由劳动力市场实现，职业技术学校是主体。职业教育作为技能形成外部培训的主要方式，其发展与改革对技能形成具有重要的影响。

我国当下劳动力市场中出现的技能短缺现象有一定的制度原因，比如缺乏工资和就业保障，缺乏技能认证制度，职业教育发展有差距，也与职业教育没有达到角色期待有关。从制度方面看，第一，由于缺乏工资和就业保障，技能形成缓慢。工资保障可以防止企业间"挖人"，从而鼓励企业进行技能投资；就业保障可以确保劳资双方长期从技能投资中获益，鼓励双方投资技能培训。当前我国制造业劳动力的主体是农民工，这个群体普遍缺乏就业和工资保障，技能水平总体不高。第二，缺乏技能认证制度。农民工群体在劳动过程中习得的技术虽然能够满足工作需要，但是无法得到相应的资格认可，其技术技能无法转化为"应有的社会地位"。第三，职业教育发展有差距。当前我国职业教育服务产业工人队伍建设仍在整体专业规划方面对新兴产业倾斜，部分地区专业分布与产业对接紧密度不高。人才培养规格对技术革命的满足度不高，缺乏对接高新技术岗位。人才培养质量方面，生源质量有待进一步提升，双师型一体化培养有待完善，人才供给结构失衡突出，人才培养定位的科学性亟待加强。

（二）社会认同与职业教育

当前世界正处于百年未有之大变局，数字化、智能化的迅猛发展将带来产业的重大变革。从国际发展经验来看，新发展格局下民众对技术技能人才的认同程度将对一个国家的经济竞争力产生深远影响。2035年基本建成技能型社会，大幅提升技术技能人才的社会地位，是2021年中共中央办公厅、国务院办公厅印发的《关于推进现代职业教育高质量发展的意见》提出的目标要求。由于受"学而优则仕"传统教育思想的影响和重视学历文凭的社会大环境，人们对从事技术技能型职业和接受职业教育存在偏见，认为职业教育学历层次低、社会地位低、社会认可度低。因此当前职业教育存在严重的认同危机，要想建立人人崇尚技能、人人学习技能、人人拥有技能的技能型社会，首先要改变人们对于职业教育是次等教育的刻板印象，建立对职业教育的社会认同。

接受职业教育的群体在进行社会分类时会与接受普通教育、艺术教育等群体区别开，在进行社会比较时，通常会和占比相当的普通教育群体进行比较。通过比较，职业教育群体成员意识到学历文凭是限制他们发展的软肋，他们很难从事高价值、高声望的工作。群体成员为了获得积极的社会认同，通常会采用以下两种策略来提高社会认同度：一是社会流动策略，转入普通高等教育提升学历层次，脱离现有低地位群体，提高个人社会评价。第一种策略的实施，说明公众对职业教育不认可，职业教育内群体成员想方设法摆脱现属群体，这将造成技术技能人才的严重匮乏，不利于技能型社会的建设。二是社会竞争策略，职业教育群体通过集体性抗争，为群体争取学历文凭这一稀缺资源，提高群体社会评价。我国只有尽快完善职业教育高学历层次，发展职业本科教育及更高层次的研究生教育，畅通职业教育学历晋升通道，积极促成第二种策略的顺利实施，才能从根本上改变民众对职业教育的认知和印象，增强职业教育的社会认同感，全面推进技能型社会的建设进程。

三、职业教育助推技术技能人才队伍建设的时代成效

（一）技术技能人才待遇得到改善

党和政府十分关心技术技能人才的福利待遇与权益保障。近几年，我国初步建立了有助于技术技能人才成长的技能评价与权益保障基本制度框架，把保障工人基本权益、提高薪资待遇以及福利水平作为政策制定与实施的出发点和落脚点。2018年3月，中共中央办公厅与国务院办公厅印发《关于提高技术工人待遇的意见》，提出把改革发展成果更多、更公平地惠及技术人才。同年4月，人社部印发《关于贯彻落实〈关于提高技术工人待遇的意见〉精神的通知》（人社部发〔2018〕24号），推动各项政策措施落到实处。2019年5月，国务院办公厅印发《职业技能提升行动方案（2019—2021年）》（国办发〔2019〕24号），

提出持续开展职业技能提升行动,提高技术技能人才培养培训工作的针对性时效性。党中央、国务院及国家相关部委注重顶层设计,连续出台 30 个制度文件,为技术技能人才队伍建设改革营造良好的政策制度环境。近年来,针对技术技能人才待遇的政策见表 2-1。

表 2-1　针对技术技能人才待遇的政策

时间	政策	政策表述
2019 年 5 月	《职业技能提升行动方案（2019—2021 年）》（国办发〔2019〕24 号）	鼓励支持社会培训和评价机构开展职业技能培训和评价工作
2019 年 9 月	《关于改革完善技能人才评价制度的意见》（人社部发〔2019〕90 号）	健全完善技能人才评价体系,形成科学化、社会化、多元化的技能人才评价机制
2020 年 12 月	《关于进一步加强高技能人才与专业技术人才职业发展贯通的实施意见》（人社部发〔2020〕96 号）	综合采用理论知识考试、技能操作考核、业绩评审、面试答辩、竞赛选拔等多种方式评价高技能人才
2021 年 1 月	关于印发《技能人才薪酬分配指引》的通知（人社厅发〔2021〕7 号）	对取得高级工、技师、高级技师,并在相应技能操作岗位工作的技能人才,发放一定额度的技能津贴
2021 年 6 月	《关于全面推行中国特色企业新型学徒制　加强技能人才培养的指导意见》（人社部发〔2021〕39 号）	学徒在学习培训期间,企业应当按照合同法的规定支付工资;推动企业全面自主开展技能人才评价
2021 年 6 月	《关于印发"技能中国行动"实施方案的通知》（人社部发〔2021〕48 号）	健全以技能需求和技能评价结果为导向的培训补贴政策;建立健全以国家奖励为导向、用人单位奖励为主体、社会奖励为补充的技能人才奖励体系
2022 年 5 月	新修订《职业教育法》	建设教育强国、人力资源强国和技能型社会

（二）确立职业教育类型定位

2014 年教育部等六部门印发《现代职业教育体系建设规划（2014—2020 年）》,

明确到2020年形成适应发展需求、产教深度融合、中职高职衔接、职业教育与普通教育相互沟通，体现终身教育理念，具有中国特色、世界水平的现代职业教育体系。2015年教育部印发《高等职业教育创新发展行动计划（2015—2018年）》，全面激发职业教育办学活力，提升办学质量。2019年国务院印发《国家职业教育改革实施方案》，提出职业教育与普通教育是两种不同的教育类型，具有同等重要的地位。2020年，教育部等部门印发《职业教育提质培优行动计划（2020—2023年）》，进一步确立国家宏观管理、省级统筹保障、学校自主实施的工作机制，计划投入3075亿元。2021年，中共中央办公厅、国务院印发《关于推动现代职业教育高质量发展的意见》，从巩固职业教育类型定位、推进不同层次职业教育纵向贯通、促进不同类型教育横向融通三个方面强化职业教育类型特色。2022年5月1日，新修订的《职业教育法》正式实施，明确职业教育是与普通教育具有同等重要地位的教育类型，是国民教育体系和人力资源开发的重要组成部分，是培养多样化人才、传承技术技能、促进就业创业的重要途径，标志着现代职业教育体系建设进入新的法制化进程，也意味着职业教育"类型"地位在法理上得到了保障。

（三）职业教育本科稳步推进

1. 专本贯通阶段

《现代职业教育体系建设规划（2014—2020年）》指出，在办好现有专科层次高等职业（专科）学校的基础上，发展应用技术类型高校，培养本科层次职业人才。鼓励本科高等学校与示范性高等职业学校通过合作办学、联合培养等方式培养高层次应用技术人才。2014年前后，部分省市开展"专本贯通"试点项目。专本贯通是让具有普通高中学历的考生，通过"高职分类考试招生"方式录取为"专本贯通分段培养项目"学生。学生获得高职专科院校颁发的全日制高职（专科）毕业证书后，再到指定的本科高校及专业就读2年，获得全日制普通本科层次毕业证书、学位证书。学生学习期间，由试点本科高校牵头，高职专科参与，共同研究制订互相衔接贯通的培养方案。比如深圳职业技术学院，充分利用本校师资和办学条件优势，与深圳大学等高校合作，在部分专业开办本科层次职业教育。还有一种做法是从普通本科高校向应用型高校转型。2014年，国务院《关于加快发展现代职业教育的决定》提出，要引导一批普通本科高等学校向应用技术类型高等学校转型，重点举办本科职业教育。旨在把地方院校理念转变为服务于地方经济和社会发展的社会实体。教育部专门成立联盟，大扩招后的600多所新建本科学校只有150多所报名响应，大多数公办地方普通本科学校观望等待，更愿意接受应用型而非职业教育定位。地方本科院校向职业教育转型的职业本科教育实践效果并不理想。实践证明，在职业教育自己的内生体系，推动坚持职业教育属性、具有鲜明职业教育特色的职业本科教育才是可行之路。

2. 试点先行阶段

开展职业本科教育成为加快构建现代职业教育体系的重要举措。2014年国务院《关于加快发展现代职业教育的决定》提出要探索发展本科层次职业教育。2019年《国家职业教育改革实施方案》提出要开展本科层次职业教育试点，全国首批15所本科层次职业教育试点院校应运而生。2019年教育部正式批复全国首批15所本科层次职业教育试点学校，本科层次职业教育试点的序幕正式拉开。2020年6月，教育部批准第二批7所高职院校升格本科层次职业学校；2020年12月至2021年9月，全国以独立学院转设方式新增10所本科层次职业学校。截至2023年7月，全国共有33所高校通过民办高职升格、公办高职升格、独立学院转设、独立学院与公办高职合并转设等方式转型为职业（技术）大学，成为职业本科教育的先行先试者。

为稳步推进本科层次职业教育试点，教育部组织专家力量研究本科层次职业教育试点的相关制度建设。2021年教育部先后出台了《本科层次职业教育专业设置管理办法（试行）》（教职成厅〔2021〕1号）、《本科层次职业学校设置标准（试行）》（教发〔2021〕1号）、《职业教育专业目录（2021年）》（教职成〔2021〕2号）、《本科层次职业学校本科教学工作合格评估指标和基本要求》（教督厅函〔2021〕1号）等法规，并着手组织《职业教育专业教学标准》的编写；2021年11月，国务院学位办发布《关于做好本科层次职业学校学位授权与授予工作意见》（学位办〔2021〕30号）。从已经发布的政策文本来看，局部实践的职业本科教育即将走向科学规范的全面实践。国家对发展本科层次职业教育的政策越来越明朗、措施越来越有力，法规越来越细化。比如《本科层次职业教育专业设置管理办法（试行）》中指出要培养高层次技术技能人才，《本科层次职业学校设置标准》中要求要培养国家和区域经济社会发展需要的高层次技术技能人才，《本科层次职业学校教育教学评估指标体系（试行）》中要求培养具有较强创新精神和实践能力的高层次技术技能人才。

3. 稳步发展阶段

2021年4月，习近平总书记对职业教育工作作出重要指示，强调职业教育前途广阔、大有可为。稳步发展职业本科教育。2021年10月，中共中央办公厅、国务院办公厅印发的《关于推动现代职业教育高质量发展的意见》指出，稳步发展职业本科教育，高标准建设职业本科学校和专业，保持职业教育办学方向不变、培养规模不变、特色发展不变。鼓励应用型本科高校开展职业本科教育。到2025年，职业本科教育招生规模不低于高等职业教育招生规模的10%。目前已有33所职业本科教育试点院校，其中公办11所，民办22所。从专业备案的情况看，2019年首批15所本科层次职业教育试点校共计备案155个专业；2020年所有试点校共计备案266个专业，2021年为423个，2022年增至608个。2021年有3所普通本科学校申请设置职业本科教育专业，2022年扩大到41所。从职业本科教育招生情况来看，2019年教育部给予首批15所本科层次职业教育试点校1700～2000个不等的本科招生指标，总计招生25816人；2020年招生38435人；2021年招生56476人。

（四）加大职业教育办学投入

加大各级财政对职业教育的投入力度，充分利用社会资本发展现代职业教育，鼓励社会力量举办和参与举办职业教育。全国各级财政部门坚持把教育经费向职业教育倾斜，财政性职业教育经费在全部职业教育经费中占比逐年增长。"十三五"期间，我国职业教育经费累计投入2.4万亿元，年均增长7.8%，其中，财政性职业教育经费达1.84万亿元，年增长8.6%。鼓励社会力量举办和参与举办职业教育，推动国有企业、民营资本成为参与和举办职业教育的重要力量。全国国有企业举办职业教育机构共435个，其中中央企业197个、地方国有企业

238 个；民办高职学校 337 所，在校生 323 万人；民办中职学校在校生 249 万人。积极探索实施职业教育股份制、混合所有制改革试点；实施示范性项目建设。2006 年以来，中国政府累计投入资金超 5000 亿元，先后实施国家示范性（骨干）高职院校建设计划、国家中等职业教育改革发展示范学校建设计划、高等职业学校提升专业服务产业发展能力项目、实训基地建设计划、中国特色高水平高职学校和专业建设计划、职业教育办学条件达标工程等重大项目，大幅改善职业学校办学条件，引领中国职业教育内涵式发展。

四、职业教育助力技能型社会建设的功能定位

职业教育与经济社会发展的关系密切，其功能在经济社会发展的不同阶段不断得到调整。在国民经济崛起和社会主义经济建设初期，职业教育主要是在政策和市场的引导下实现经济发展的功能；在社会发展的调整期，职业教育的社会整合功能突出，出现了多元化的发展趋势；在全面建设社会主义现代化国家的新征程阶段，建设技能型社会的战略目标，为中国职业教育的改革和发展提供了新的思路，职业教育要在人力资源开发、价值传递、技术技能传授、为终身学习服务等方面助力于技能型社会的建设。

（一）指导：国家重视技能

职业教育培养的技能型人才应服务于国家发展战略。职业技术教育有助于发展一个有技能的社会，提高职业教育在实施国家战略方面的适应性。职业教育应发挥技术教育、技术推广和技术创新的育人功能，做好为国家战略服务的主要任务。培养高素质技术技能人才是职业教育的基本职能，也是职业教育为建设技能型社会作出贡献的方式。职业教育直接面向生产和公共服务、建设和管理的前沿，作为以解决生产和服务过程中的具体问题为目标的教育，明确的实践导向是职业教育区别于其他类型教育的基本特征。在新时代，国家赋予职业教育新的使命，即培养更高品质的技术人才，加快建设技能型社会的进程，使技能达到尊重、传授并为人人所拥有。在这个过程中，职业教育的类型定位更加明确，更加注重实践，为高质量、可持续的职业教育的发展创造良好的社会环境。

（二）导向：社会崇尚技能

创造劳动光荣的社会工作文化是建设技能型社会的基本前提，也是职业教育助力建设技能型社会的意义所在。建立一个以技能为基础的社会意味着创造国家重视技能、社会推崇技能、人人学习技能、人人拥有技能的氛围。构建技能型社会的目的是促进所有社会成员的学习和技能掌握，最终实现人力资本的外溢效益和溢出效应，从而促进高质量的经济和社会发展。就价值取向而言，建设技能型社会意味着整个社会和教育系统的文化和价值的转变。党的二十大报告指出，要协调职业教育、高等教育和继续教育之间的协同创新，推进职普融通，产教融合，科教融汇，优化职业教育的类型定位。建设技能型社会的核心是培养技术技能人才，服务于经济和社会发展。职业教育在为中国的现代化建设培养高质量的技术人才、能工巧匠和大国工匠方面发挥着重要作用。

（三）引领：人人学习技能

提高职业教育的适应性是国家对职教的新要求，职业需要从"被动适应"转向"主动适应"。职教不仅要适应当前深层次的社会经济改革环境的变化，从满足教育的需要到满足产业的需要，还要适应职教本身扩张带来的价值和目标的变化。服务经济社会高质量发展是中国职教现代化的必然方向，职教的主要任务是为建设技能型社会作出贡献。职教有助于建立一个以能力为基础的社会，树立"每个人都应该尊重能力、学习能力和拥有能力"的观点，与马克思主义关于人的全面发展的学说是一致的。在建设以能力为基础的社会的过程中，职业教育应该根据个人的特点和发展愿望，提供满足其需求的教育和培训服务。职业教育要为人民提供多种形式和内容的教育服务，走多元化发展的道路；要走高质量发展的道路，为人民提供低成本的优质教育服务。

（四）目标：人人拥有技能

根据终身学习的原则，现代教育和培训系统的设计应有利于社会的终身学习，满足各年龄段人们的教育需求。终身学习系统主要包括学校教育、在职培训和整个工作生涯的职业培训。在当今世界，科学技术的进步已经远远超出了大多数人的预期，工人的职业前景已经变得非常紧张，职业生存受到了威胁。日益更新的技术使工人难以依据现有的专业知识和技能去适应不断变化的时代需求，他们必须不断地获得新的知识和技能，以适应新的劳动分工和频繁的职业变化。当前的知识教育和课程内容改革，通过深化职业教育和培训，更加强调行业和企业的实际需求，职业院校同时发展技术知识的传播和技术的产业化，深化院校和企业的合作，使企业参与到技术积累和创新的写作体系中，并与企业合作发展技术，推广和建立知识教育体系。通过正规和制度化的学校教育，职教学校积极探索现代学徒制，在传统技能和能力的转移和更新以及新技术的创新传播方面，发挥着重要的促进和桥梁作用。

　　技能积累是指通过长期学习和创新实践获得的技术知识和技能的发展。2014年《关于加快发展现代职业教育的决定》明确提出，职业学校和企业要共同推动建立技术工艺和产品研发中的技术诀窍，包括专利技术和技术秘诀，这代表了拥有该技术的公司（或个人）的软实力。职业院校是这项任务和技能传承的重要平台。职业学校和大学成立了"大师工作室"和"名师工作坊"等跨专业组织，以技术技能教师为核心，充分发挥其研究、研发和技能展示的作用。将工程教育与现代学徒制相结合的"大师工作室＋项目＋产品"模式，通过长期的生产、学习和创新实践，促进了学生的技术技能发展、积累和传承。

第三章 职业教育命运共同体建设

一、职业教育的跨界属性

（一）明确了职业教育的内涵和地位

国家大力发展职业教育，《职业教育法》第二条首次明确对职业教育进行了界定：职业教育是指为了培养高素质技术技能人才，使受教育者具备从事某种职业或者实现职业发展所需要的职业道德、科学文化与专业知识、技术技能等职业综合素质和行动能力而实施的教育，包括职业学院校教育和职业培训。新法第三条明确指出，职业教育是与普通教育具有同等重要地位的教育类型，职业教育具有重要作用，是国民教育体系和人力资源开发的重要组成部分，是培养多样化人才、传承技术技能、促进就业创业的重要途径。

（二）明确了跨界是职业教育的内在属性

从职业教育的内涵可以看出，职业教育与"从事某种职业或者实现职业发展"密切相关，《职业教育法》从法律上认同了职业教育跨越教育界和产业界的特殊属性，职业教育的发展需要政府、教育界、产业界等的协同配合。新法明确了政府、企业、职业学校、行业组织等在职业教育中的责任，建立了从国务院、省、自治区、直辖市人民政府到县级以上人民政府推进职业教育的统筹协调机制，多措并举鼓励教育界和产业界合作开展职业教育，注重产教融合、开展校企合作是职业院校以及职业培训机构实施职业教育的要求。政府从给予奖励、给予支持、落实优惠等方面出实招，调动企业在职业教育发展中的积极性，发挥企业主体作用。

二、数字经济与价值共生理论

（一）数字经济与跨界颠覆

中国信息通信研究院发布的《中国数字经济发展白皮书（2020）》，指出数字经济是一种新型经济形态，该经济形态以数字化的知识和信息作为关键生产要素、以现代信息网络作为重要载体、以数字技术为核心驱动力。它通过不断提高数字化、网络化、智能化水平，促进数字技术与实体经济深度融合，加速重构经济发展与治理模式。数字经济迅猛发展的速度，彻底改变了我们周围的基本生存环境。互联网企业的跨越式发展，展现了数字技术的巨大潜能。随着人工智能、机器学习、虚实结合等新技术渗透到生活的方方面面，数字生活成为人们的基本生存方式。数智驱动、智能、平台化等管理特征凸显，跨部门、跨企业、跨地域的协同管理成为常态。数字化时代具有以下经济发展特征：将互联网作为依托、将信息技术作为内生动力、将数字资源作为核心要素、将融合创新作为典型特点。相关统计显示，截至 2020 年 12 月，中国网民规模约 9.89 亿，互联网的普及率达 70.4%，网上零售额达 11.76 万亿元，网络支付用户规模达 8.54 亿。我们已经全然生活在数字经济中。数字技术打破行业界限，促使跨界颠覆成为越来越多行业的常态。我们所处的环境已经变得越来越复杂，不可预测的变化成为常态。

（二）如何应对数字经济——协同与价值共生

数字技术带来的无限链接使得今天的组织无法独立创造价值，需要与更多组织、更多系统，以及更广泛的外部环境构建新的共生状态。共生意为合作关系、互利互惠关系，引申为共同生活。共生理论的提出源于生物界，作为一种生物现象，指不同物种生活在一起，因其他主体的存在而共同受益的现象。1897 年德国真菌学家德贝里首次提出"共生"概念。1981 年，马古利斯发表《细胞进化中的共生》一书，被认为是继达尔文进化论之后的又一重大生物学突破。共生的概念从生物学延展到社会科学，结出累累硕果。共生的核心是"双赢"及"共存"。何谓"价值共生"？价值共生就是探讨数字化时代组织之间、组织与个人之间、社会与环境之间怎样实现共生的问题，探讨组织目标如何兼顾人的意义，实现组织、个人、社会与环境等伙伴的协同共生。

三、职业教育命运共同体的内涵和主体价值需求

（一）职教命运共同体的内涵

滕尼斯在《共同体与社会》中将"共同体"定义为"通过某种积极的关系而形成的群体，统一地对内对外发挥作用的一种结合关系，现实的和有机的生命组合。"学者阿德勒和巴内特认为共同体具有三个特征：各主体拥有共同的认同和价值观；主体之间能够进行多方位的直接互动；共同体表现出一定程度的互惠和利他主义。习近平总书记2013年提出构建人类命运共同体的倡议，命运共同体也成为现代社会职业教育的存在形态和基本实践方式。张元宝认为产教融合的利益相关群体包括高校、政府、行业、企业、教师、学生以及社会媒介等。其中高校、企业和政府在产教融合过程中的作用显著，是系统中最重要共生单元。杨丽波认为职业教育领域的社会伙伴关系主体包括职业教育及培训机构、政府、行业企业、社会中介组织。"关系"是职教命运共同体的联结方式。政府、学校、行业、企业与社会组织构成职教命运共同体的责任主体，共同利益构成命运共同体合作的基础，冲突与合作、竞争与规制是共同体内部最重要的关系形态，责任承担是合作的保障，职教命运共同体是利益共同体与责任共同体。

职业教育命运共同体是基于价值认同、规则与规范等，将等职业教育的提供者、生产者与服务者、协调者连接在一起，主要包括政府、学校、企业、行业与社会组织等。贾旻等学者认为职教命运共同体是指政府、职业院校、行业、企业与社会组织等重要的职业教育利益相关者，基于共同的教育信仰与教育目标，在培养职业人与社会公民的实践活动中形成的精神共同体与实践共同体，是现代社会职业教育的基本存在形态与重要治理机制。政府、职业院校、企业、行业以及社会组织分别拥有政治资本、文化资本、经济资本与社会资本，职教命运共同体通过发挥不同主体的资源互补优势，通过集体行动来提高职业教育社会认可度和参与度。职教命运共同体有助于实现各主体之间的权利制衡、利益共享、风险

共担，从而促进职业教育高质量发展。

（二）职业教育命运共同体的主体角色和价值需求

角色期待规定了社会中每个成员要扮演的社会角色以及彼此期待的社会角色。职业教育命运共同体的各参与主体需要履行自己特定的社会角色。对于价值，中外学者也阐述了各自的理解。图加林诺夫认为价值是指能满足人的需求和利益的东西。我国古代先哲孟子提出的"可欲之谓善"，表达了人的需要与价值的关系。职业教育命运共同体的价值来自各主体生存和发展的需要，职业教育命运共同体各主体利益获得和需求满足决定了共同体的长远发展。只有主体能够从共同体关系中获得利益，才有参与职业教育命运共同体的动机。

1. 政府、社会中介组织扮演的角色和价值需求

政府的资金支、政策法规的扶持和统筹协调，对职业教育命运共同体的发展发挥着重要作用。在组建和协调各主体关系方面政府不可或缺。社会中介组织是指在职业教育伙伴关系中，介于学校与政府或企业之间、发挥沟通协调等桥梁作用的社会组织或机构。政府协调的手段包括但不限于委托第三方机构帮助协调和处理伙伴关系，合理分配职业教育资源，监督合作成员之间合作等。在市场失灵的情况下，政府需要加以干预。政府、社会中介组织期待通过职业教育命运共同体，促进职业教育的发展，提升职业教育质量，促进企业和地方社会、经济的发展。

2. 职业教育和培训机构扮演的角色和价值需求

职业教育和培训机构作为伙伴关系的一员，要扮演好如下角色：为行业企业提供技术支持；开展经济政策分析和研究；进行人力资本开发，满足经济与社会发展对人力资本的需求，为企业员工提供培训。职业教育及培训机构的需求主要有：获得政府和企业的资金支持；和行业企业深入合作；获取政府对职业教育发展的政策支持，通过政策推动企业、社会各界共同参与职业教育办学；提高办学质量，促进学生就业；从区域经济发展中获得发展机会。获得行业协会的专业指导。

3. 行业企业扮演的角色和价值需求

职业院校为企业培养了所需要的技术技能人才，企业的角色定位具有双重性，是职业教育的服务者和消费者。从服务者视角来看，企业为职业院校提供资金和实习基地支持，参与到职业教育的日常办学和人才培养工作当中。从消费者角度来看，企业是职业教育培养人才的最大劳动力市场。企业为职业教育的发展提供平台，是职业教育人才培养的出发点和落脚点。行业企业在职业教育命运共同体关系中的需求主要体现为：获得政府扶持政策和税收优惠；获得优秀员工资源与信息资源，诸如最新政策信息、科技信息、市场信息等。通过与职业教育及培训机构直接对话，准确传递自己的用人需求，提高人才培养的精准性，提高自身竞争力。希望通过伙伴关系从共享资源、人才培养、技术开发等多方面提升自己的竞争力。

四、职业教育命运共同体价值共生面临的困难

（一）缺乏合作共赢的利益机制

合作主体之所以选择参与职业教育源自需要的满足。因此，合理的利益机制是职业教育命运共同体关系维持和发展的前提。一旦各参与主体的利益诉求得不到满足或利益分配存在不公，合作很难维持与发展，利益机制建立在互惠共赢基础上才能长久。目前产教融合校企合作中，各方参与的积极性和主动性不同，冰火两重天。政府和职业院校参与热情高，与行业企业合作，职业院校能够获得资金支持，建立校外实习基地，促进学生就业等。作为营利组织的企业更看重成本和收益，企业希望通过合作获得高素质技能型人才，也希望在产业技术革新、结构调整、管理创新等方面获得支持，希望获得政府的优惠政策扶持，提高经济利益。当前合作中，行业企业缺乏参与的动力，国家出台的倡导行业企业参与职业教育办学的相关政策力度不大，对行业企业的约束力不足。企业参与合作是迫于政府压力或人情面子。合作提倡的"合作、共赢"原则，在实际运行中缺乏落

地机制。对企业而言,与职业院校合作收益空间有限,承担责任繁多,可持续发展空间有限。

(二)缺乏平等互惠的交往机制

主体之间的交往,建立在资源、信息、知识共享与互换基础上,才能形成互惠互利、相互服务的关系。当前我国职业教育命运共同体各主体之间的交往缺乏平等互惠的机制,各主体之间的对话机制有待完善。职业教育各主体开展合作,同时也会因为利益或者分配方式产生矛盾和冲突。因此,有必要建立公平的对话机制以及交往机制。秉持平等、互惠、公平的原则开展交流。平等意味着交往各方是互为主体的关系。互惠意味着各方都能受益,公平意味着各方收益大体相当。由于当前我国职业教育命运共同体的对话机制还不够完善,协调机制也不够健全,合作主体之间出现话语权不平等、信息传递不便捷的问题。在当前我国职业教育社会伙伴关系发展中,职业院校与企业之间的交往不平衡。比如,对于资金流动来说,正常的资金流动应当是双向的,但是实践中更多的是职业院校从企业获得资金,鲜有职业院校为企业提供资金。要求企业承担的责任多,对职业院校提出的要求少。当前存在的产教脱节问题体现在院校教学工作与企业需求错位,实体经济同人才培养层次脱节,职业教育在教学计划、课程教学、教学质量评价等方面也存在与需求脱节的问题。

(三)缺乏有效的激励机制和合理的评价体系

完善的政策能为职业教育伙伴关系保驾护航。目前在政策制定上,更多考虑怎样让企业承担更多责任,对职业院校应该承担哪些责任考虑不足。虽然在一些政策和文件中鼓励社会力量参与职业教育办学,但是政策宏观描述居多,并没有建立切实可行的政策落地机制和激励机制。以产教融合为例,各地的产教融合程度参差不齐,校企合作效果差强人意。虽然中央和地方各级政府都出台了产教融合相关的改革规划,但是对参与各方没有明确进行权力赋予和角色界定,缺乏配套的法律法规。而且新政策的出台会出现政策目标和手段的模糊性,执行起来难度大。加上时效性的影响,执行效果也要打折扣。另外,缺乏合理的评价体系。评价标准应该作为设计命运共同体各主体关系的重要内容,作为评价主体关系是否达到预期目标的工具，有利于引导主体关系发展，决定主体关系的发展方向，推动合作主体形成合力。

五、推进我国职业教育命运共同体各主体价值共生

（一）和谐共生，互惠利他

要实现从分工到协同共生的转变，共生单元应该率先做出改变，要拥有全新价值观，秉承利他与共生的价值取向。管理者需要拥有连接上下游的合作伙伴和相关产业的合作伙伴的共生连接的能力，能够将其他资本、产业、顾客组合成新的共同生长的网络，共创价值才能带来价值共享的可能。共生单元需要做到从关注自身价值转变为关注产业伙伴和顾客价值，从关注自己的目标转变为关注组织相关成员的共同目标。个体或组织选择合作，是因为能够互惠共赢，是期望当前付出成本和代价，日后能够有所回报，带来利益能够超出当初的成本。互惠和共赢是职业教育社会伙伴关系的核心。职业教育的发展需要多方努力共赢，各成员政府、行业企业、社会组织、职业教育及培训机构都需要作出自己的贡献。参与各方在分享价值和利益的同时也要贡献，要遵守约束条件，才能保障共生的持久发展。在合作中，各合作主体一方面分享其他合作方带来的利益，另一方面需要履行自己的职责和义务。各方积极作出自己的贡献，分享自己的资源，才能实现和谐共生共求发展。

（二）多元主体协同治理

建立在契约及协商治理基础上的"合作秩序"能够有效确保治理主体的职业教育治理职能划分。协商治理是通过自由平等的对话方式，让各利益主体充分表达，达成利益最大化的交集，并借助工具形成科学决策与行动。职业教育命运共同体的相关主体分别属于政界、产业界和教育界三个不同的社会组织单位，包括了政府、企业、行业、行业协会、职业院校等，主体拥有不同的政治、文化、

经济、社会资本与资源，协商治理通过协商合作可以发挥各自优势，提升协同行动治理效益，是职教命运共同体有效运行的关键。应构建多元主体共同参与的职业教育治理体系，加快产业资本和教育资本的相互渗透，坚持跨界思维，坚持育人为本，以利益需求为主线实现产权主体的多元化。新职教法规定职业教育实行政府统筹、分级管理、地方为主、行业指导、校企合作、社会参与的管理体制，有利于克服职业教育管理分散、政出多门、资源缺乏整合的现象。新职教法建立了高效的职业教育发展协调机制。国务院牵头统筹协调全国职业教育工作，同时教育部、人力资源社会保障部和其他有关部门、县级以上人民政府都肩负着发展职业教育的责任。落实新职业教育法推进多元办学的要求，支持社会力量广泛、平等参与职业教育。国家注重发挥企业的重要办学主体作用，新职教法要求有关行业主管部门、工会和中华职业教育社等群团组织、行业组织、企业、事业单位等具有实施职业教育的义务。

（三）完善、调整利益机制

作为发展的内驱力，利益机制对职业教育命运共同体相关主体的关系起到关键作用。"人们奋斗所争取的一切，都同他们的利益有关"。职业教育命运共同体的各相关主体都有各自的物质或非物质的功利目的。特别是产业方以盈利为目的，如果不能从职业教育命运共同体关系中获得利益，这种伙伴关系就不具备持续发展的能力。职业教育命运共同体的内驱力，是以利益为驱动力为手段，通过调整合作主体利益关系，引导并控制各参与主体和组织的行为。因此在合作中，需要不断调整和完善利益机制。新职教法注重调动各方参与职业教育的积极性。如企业深度参与产教融合、校企合作，在提升技术技能人才培养质量、促进就业中发挥了重要作用，按照规定享受奖励；认定为产教融合型企业，享受金融、财政、土地等支持，享受教育费附加、地方教育附加减免及其他税费优惠。对企业和其他社会力量依法举办的职业学校和职业培训机构，地方各级人民政府采取购买服务，向学生提供助学贷款、奖助学金等方式予以扶持。采取政府补贴、基金奖励、捐资奖励等措施，扶持非营利性职业学校和职业培训机构，参照同级同类公办学校生均经费等相关经费标准和支持政策给予适当补助。促进职业教育经费投入与职业教育发展需求相适应，国家优化教育经费支出结构。

（四）建立主体对话机制

契约是职教命运共同体的构建基础。契约是用来约束与协调缔约方之间的行为的，是具有强制执行力的许诺或协议。建立组织之间的信任关系，可以有效降低交易成本并防止机会主义行为的出现。在设计契约时，要考虑正式契约制度刚性，同时关注非正式契约，通过非正式契约缓解正式契约的刚性弊端，增进主体间的满意度、承诺感及认同度。契约应该是在相互意见一致的基础上达成的"合意"，建立符合各主体预期的价值创造、价值评价与价值分配机制，在价值主体之间形成"互为主体、价值共创、资源共通、利润共享"的机制。对话机制以交流与表达作为手段，采取商谈、商议等多样的形式，利益诉求是核心。作为不同的利益集团，职业教育与产业二者之间如何有效对接，如何表达诉求，需要以对话为媒介。职业教育与产业之间需要寻求利益平衡点，建立互利共赢的合作关系。产业是职业教育的一个重要利益相关者，二者间对话渠道畅通是确保高质量对话的关键。对话机制是职业教育与产业相互作用、相互博弈、表达诉求的方式，只有建立在平等互利的基础上才有效。政府的政策激励与引导、行业协会的穿针引线是对话机制建立的前提。

（五）建立共生的数字化平台

在数字化时代，需要通过数字技术平台实现协同共生，通过技术穿透保障协同共生能力及协同共生行为执行。在数字化时代快速更迭的技术背景下，建立组织间的契约信任关系，必须采用科学合理的技术方式，引导技术穿透在契约设计过程中。技术能确保各个主体在信息上平等，使数据对所有主体公开，有利于提升协同效率，降低交易成本。利用特定的数字技术框架，及时准确的分享数据、信息和知识，是共生成员共同决策和高效协同的基础。信息是对话传递的主要内容，不同媒介信息传播的效率和质量是不同的，有必要将传统媒体与新媒体结合起来，拓展对话渠道，融合多种媒介，促进职业院校与产业进行信息交换。职业院校提供专业设置、招生规模、课程体系、科研成果方面的信息，行业企业提供用人需求、毕业生使用情况、技术革新难题及发展瓶颈等信息，校方和产业方的数据在平台对接。职业院校方同产业方设定共同的发展目标，打造合作的命运共同体。借助大数据、人工智能等技术，做出适应时代、适应国内与国际环境、互利双赢的发展计划。建立教育和产业之间切实可行的对话机制。职业院校进行专业设置时要以产业链和创新链为依据，形成专业集群，专业和专业群要对接产业结构转型升级。职业院校要参与产业技术革新和员工培训，助力产业攻克技术难题，提高社会服务能力。产业要从资金、设施、教学、实习等方面多渠道支持职业院校的专业发展和人才培养工作。平台要为主管部门留出获取相关数据的通道，便于管理部门进行分析与决策。

第四章 职业教育高质量发展策略

一、职业教育高质量发展概述

（一）职业教育高质量发展的内涵

"高质量"是当前经济社会发展对职业教育的现实要求，也是职业教育从外延式发展走向内涵式发展的内在需要。在诸多国家政策法规的加持下，职业教育高质量发展稳步推进。从教育"层次"到教育"类型"的认知转变与实践转向，是我国职业教育本土化发展的重大进步。2010年《国家中长期教育改革和发展纲要（2010—2020年）》提出要把提高质量作为重点，建立健全职业教育质量保障体系。2020年《职业教育提质培优行动计划（2020—2023年）》要求坚持以育人为本，质量为先的基本原则，推进职业教育高质量发展。2021年《关于推动现代职业教育高质量发展的意见》要求把推动现代职业教育高质量发展摆在更加突出的位置。2022年修订的《职业教育法》第一条中强调了修法的目的是推动职业教育高质量发展。

"质量"一词最初来源于企业管理学的理论，《教育大辞典》对"教育质量"的表述为：教育水平高低和效果优劣的程度。主要受以下因素影响：教育制度、教学计划、教学内容、教学方法、教学组织形式和教学过程等的合理程度。教师素养、学生基础、师生参与教育活动的积极程度。最终体现在培养对象的质量上。"职业教育质量"可概括为：职业教育的特定实体及其特性在满足职业教育相关利益主体的特定要求的过程中，职业教育利益主体根据一定的方法和工具，通过比较达到对职业教育培养高素质技术技能人才这种社会实践活动的主观把握。在经济社会高质量发展的大背景下，建设高质量教育体系目标的统筹下，职业教育强化与经济社会发展的动态适应性，坚持类型教育的办学方向，构建工作过程系统化的课程结构体系，加强教学全过程的质量监测管理和多元化考核评价，重视高素质技术技能人才的培养。

（二）职业教育高质量发展的政策解读

《关于推动现代职业教育高质量发展的意见》（以下简称《意见》）从强化职业教育类型特色、完善产教融合办学体制、创新校企合作办学机制、深化教育教学改革、打造中国特色职业教育品牌等五个方面对职业教育发展做出了具体安排。该《意见》措施细分表如表 4-1 所示，提质培优重点任务如表 4-2 所示。

表 4-1 《关于推动现代职业教育高质量发展的意见》措施细分表

举措	关键任务	任务分解
强化职业教育类型特色	巩固职业教育类型定位	①职教高考：文化素质+职业技能 ②理论研究：办学规律和制度模式
	推进不同层次职业教育纵向贯通	①中职办学质量：达标工程 ②试办社区学院 ③高职提质培优：双高计划 ④职业本科教育（含应用型本科办职教）
	促进不同类型教育横向融通	①普职融通，职业启蒙教育 ②综合高中：专项技能培养 ③课程互选、学分互认：中职与普高，高职与应用型大学 ④职校培训：补贴性、社会市场化 ⑤国家资历框架，国家学分银行
	优化职业教育供给结构	①结构调整：优先发展新兴专业，加快建设人才紧缺专业，改造升级传统专业，撤并淘汰弱需专业 ②优化区域资源配置，深化东西部协作 ③技能型社会职教体系建设地方试点 ④农村职业教育 ⑤行业企业人才培训
完善产教融合办学体制	健全多元办学格局	①多元办学格局：政府统筹管理、行业企业举办、社会力量参与 ②健全制度 ③合作共建，共建共享
	协同推进产教深度融合	①建设试点城市，打造标杆行业，培育领先企业 ②培育服务组织 ③编制动态报告、预测报告
	丰富职业学校办学形态	①与企业开展双边多边技术协作，共建平台、空间 ②实习实训基地（职校→企业） ③培养培训基地（企业→职校） ④共建共管产业学院、企业学院

续表

举措	关键任务	任务分解
创新校企合作办学机制	拓展校企合作形式内容	①吸纳企业全过程深度参与合作 ②鼓励企业建立职教集团，实体化运作 ③探索中国特色学徒制
	优化校企合作政策环境	①落实税费政策 ②企业参与校企合作，作为示范企业评选参考 ③校企合作成效，作为职校办学质量评价内容 ④国有资产监督管理机构支持 ⑤金融机构提供信贷和融资支持 ⑥探索职校实习生参保办法 ⑦探索职校绩效工资来源结构比例调整
深化教育教学改革	强化双师型教师队伍建设	①加强师德师风建设 ②完善职教师资认定制度 ③制定双师型教师标准，校企共建双师培养训练基地，推进队伍建设改革 ④加强职业技术师范学校建设 ⑤继续实施职校教师素质提高计划
	创新教学模式与方法	①提高思想政治理论课质量和实效 ②举办职校思政课程教师教学能力比赛 ③开展项目教学、情境教学、模块化教学 ④实施弹性学习和学分制管理 ⑤办好全国职业院校技能大赛
	改进教学内容与教材	①完善"岗课赛证"综合育人机制 ②完善职业技能等级证书制度和认证管理办法 ③更新教学标准和教学内容 ④把"1+X"证书标准融入人才培养方案 ⑤强化教材建设国家事权和分层规划建设管理
	完善质量保证体系	①建立健全教师、课程等职教国家标准 ②推进职校教学工作诊改制度建设 ③完善职业教育督导评估办法 ④健全国家、省、校三级质量年报制度 ⑤强化评价结果运用，作为设校、招生、项目的参考依据
打造中国特色职业教育品牌	提升中外合作办学水平	①办好示范性合作办学机构和项目 ②加强与国际职教机构和组织合作 ③奖学金项目转设职业教育类别
	拓展中外合作交流平台	①践行世界技能组织2025战略 ②鼓励开放大学建设海外学习中心 ③承办国际职教大会，办好中国—东盟教育交流周
	推动职业教育走出去	①探索"中文+职业技能"国际化发展模式 ②完善"鲁班工坊"建设标准 ③提高职教在留学基金等项目占比 ④打造高水平国际化职教

表4-2 提质培优重点任务

序号	工作任务	责任部门
\multicolumn{3}{c}{落实立德树人根本任务}		
1	加强职业教育研究,构建中国特色职业教育的思想体系、话语体系、政策体系和实践体系	教育部,各地有关部门
2	按照师生比不低于1:350的比例核定专职思政课教师岗位	教育部,各地有关部门
3	培育200所左右"三全育人"典型学校,培育遴选100个左右名班主任工作室,遴选100个左右德育特色案例	教育部、人力资源社会保障部,各地有关部门
4	培训10000名左右德育骨干管理人员、思政课专任教师,遴选100个左右思政课教师研修基地,分级培育遴选1000个左右思想政治教学创新团队、10000个左右思想政治课示范课堂、10000个左右具有职业教育特点的课程思政教育案例	教育部、人力资源社会保障部,各地有关部门
\multicolumn{3}{c}{推进职业教育协调发展}		
5	支持集中连片特困地区每个地市原则上至少建好办好1所符合当地经济社会发展需要的中等职业学校	教育部,相关省份有关部门
6	中职学校教学条件基本达标	教育部、人力资源社会保障部,各地有关部门
7	遴选1000所左右优质中职学校和3000个左右优质专业	教育部,各地有关部门
8	遴选300所左右优质技工学校和300个左右优质专业	人力资源社会保障部,各地有关部门
9	推进中国特色高水平高职学校和专业建设计划	教育部、财政部,各地有关部门
10	探索高职专业认证	教育部,各地有关部门
11	遴选300所左右省域高水平高职学校和600个左右高水平专业群	教育部,各地有关部门
12	推进本科层次职业教育试点	教育部,各地有关部门
13	推动具备条件的普通本科高校向应用型转变	教育部,各地有关部门
\multicolumn{3}{c}{完善服务全民终身学习的制度体系}		
14	加快建设职业教育国家"学分银行",健全学习成果的认定、积累和转换制度,制定学时学分记录规则	教育部,各地有关部门
15	支持职业学校承担更多培训任务,实现优质职业学校年职业培训人次达到在校生规模的2倍以上	人力资源社会保障部、教育部,各地有关部门
16	推进"1+X"证书制度试点	教育部、人力资源社会保障部、有关行业部门,各地有关部门
17	引导职业学校和龙头企业联合建设500个左右示范性职工培训基地	教育部、人力资源社会保障部,各地有关部门
18	遴选200个左右示范性继续教育基地、2000门左右优质继续教育网络课程;遴选500个左右社区教育示范基地和老年大学示范校	教育部,各地有关部门

续表

序号	工作任务	责任部门
深化职业教育产教融合校企合作		
19	建立产业人才数据平台，研制职业教育产教对接谱系图	工业和信息化部、教育部、有关行业部门，各地有关部门
20	遴选建设一批产教融合型城市，培育数以万计的产教融合型企业	国家发展改革委、教育部、各地有关部门
21	实施国家级职成教示范县助力乡村振兴人才培养计划	教育部、人力资源社会保障部、农业农村部、扶贫办、各地有关部门
22	依托国有企业、大型民企建立1000个左右示范性教师企业实践流动站	教育部、各地有关部门
23	打造500个左右实体化运行的示范性职教集团（联盟）	教育部、有关行业部门，各地有关部门
24	打造100个左右技工教育集团（联盟）	人力资源社会保障部，各地有关部门
25	推动建设300个左右具有辐射引领作用的高水平专业化产教融合实训基地	国家发展改革委、工业和信息化部、教育部、人力资源社会保障部、有关行业部门、各地有关部门
26	建设100所乡村振兴人才培养优质校	农业农村部、教育部、各地有关部门
27	建立健全省级产教融合型企业认证制度，落实"金融＋财政＋土地＋信用"的组合式激励政策	各地有关部门
健全职业教育考试招生制度		
28	建立健全省级统筹的职业教育考试招生制度，保持分类考试招生为高职学校招生主渠道，推进"文化素质＋职业技能"的评价方式，完善多样化考试录取方式	教育部、人力资源社会保障部、各地有关部门
实施职业教育治理能力提升行动		
29	适时修订中职学校、专科高职学校设置标准，研制本科职业学校设置标准	教育部
30	结合职业教育特点完善学位制度	教育部、国务院学位委员会
31	实施职业学校教师和校长专业标准，制定"双师型"教师基本要求	教育部、人力资源社会保障部
32	修（制）订衔接贯通、全面覆盖的中等、专科、本科职业教育专业目录及专业设置管理办法	教育部、有关行业部门
33	制定职业学校办学质量考核办法；推进职业学校教学工作诊断与改进制度建设；巩固国家、省、学校三级质量年报发布制度；完善职业教育督导评估办法，构建国家、省、校三级职业教育督导体系	教育部、各地有关部门
34	集中培训5000名左右中职校长（书记）和1000名左右高职校长（书记），各级各类培训覆盖全部职业学校管理干部	教育部、人力资源社会保障部，各地有关部门

续表

序号	工作任务	责任部门
	**实施职业教育"三教"改革攻坚行动**	
35	根据职业教育特点核定公办职业学校教职工编制	各地有关部门
36	实施新一周期"全国职业院校教师素质提高计划";完善职业学校自主聘任兼职教师办法;改革完善职业学校绩效工资政策;专业教师中"双师型"教师占比超过50%	教育部,各地有关部门
37	校企共建"双师型"教师培养培训基地和教师企业实践基地	教育部,各地有关部门
38	校企共建技工院校"一体化"教师培养培训基地和教师企业实践基地	人力资源社会保障部,各地有关部门
39	探索有条件的优质高职学校转型为职业技术师范大学或开办职业技术师范本科专业	教育部,各地有关部门
40	实施现代产业导师特聘岗位计划	教育部,各地有关部门
41	遴选一批国家"万人计划"教学名师	教育部,各地有关部门
42	遴选360个国家级教师教学创新团队	教育部,各地有关部门
43	遴选10000种左右校企双元合作开发的职业教育规划教材;国家、省两级抽查教材的比例合计不低于50%	教育部,各地有关部门
44	建立职业学校人才培养方案公开制度	教育部,各地有关部门
45	建立健全国家、省、校三级教学能力比赛机制	教育部,各地有关部门
46	遴选1000个左右职业教育"课堂革命"典型案例	教育部,各地有关部门
	实施职业教育信息化2.0建设行动	
47	落实《职业院校数字校园规范》,研制校本数据中心建设指南,指导职业学校系统设计学校信息化整体解决方案	教育部,各地有关部门
48	建立健全共建共享的资源认证标准和交易机制,推进国家、省、校三级专业教学资源库建设应用	教育部,各地有关部门
49	遴选300所左右职业教育信息化标杆学校、100个左右示范性虚拟仿真实训基地	教育部,各地有关部门
50	面向公共基础课和量大面广的专业(技能)课,分级遴选5000门左右职业教育精品在线开放课程	教育部,各地有关部门
	实施职业教育服务国际产能合作行动	
51	支持职业学校到国(境)外办学,培育一批"鲁班工坊"	教育部,各地有关部门
52	鼓励国家开放大学建设海外学习中心,推动中国与产能合作国远程教育培训合作	教育部,各地有关部门
53	统筹利用现有资源,实施"职业院校教师教学创新团队境外培训计划",选派一大批专业带头人和骨干教师出国研修访学	教育部,各地有关部门
54	推进"中文+职业技能"项目	教育部,各地有关部门

续表

序号	工作任务	责任部门
实施职业教育创新发展高地建设行动		
55	在东中西布局5个左右国家职业教育改革省域试点，建设10个左右国家职业教育改革市域试点	教育部，相关省级人民政府，相关地级市人民政府
营造良好发展氛围		
56	推进《职业教育法》修订和落实，完善配套法规制度；制定和颁布职业教育地方性法规	教育部，各地有关部门

二、职业教育高质量发展的基本原则

（一）公平性原则

公平性原则分为程序性公平和实质性公平。通过国家层面顶层设计，明确职业教育是与普通教育具有同等重要地位的教育类型，在《职业教育法》等法律法规上强调职业教育的类型定位，属于程序性公平。而在招生考试、校企合作人才培养、就业创业等操作层面对职校生一视同仁，属于实质性公平范畴，更需要严格落实。基于我国目前职业教育发展现状，要实现实质性公平，首先要改革招生考试制度，职教高考与普通高考并列，确保职业教育生源结构的多样化，而非中高考筛选后的"次品"。破除职业教育生源"兜底"特性，是破除社会歧视、提高全社会认可度、推动职业教育高质量发展的关键。

（二）阶段性原则

我国现行职业教育主要包括：中职（职业高中、中等专业学校、中等技术学校）和高职（高职大专、职业本科）。在中职、高职两个阶段三个层次中，需要把握阶段性原则，要注重理论知识教学与实践技能传授的循序渐进，充分关注教育对象在年龄、心理和认知层面的"最近发展区"。在"中高本"贯通式培养过程中，针对教育阶段、层次、类型的差异，需要因材施教、因情施策：①"3+2"五年制大专：要密切关注在两个阶段（中职、高职大专）的培养目标的差异与衔接，据此修订人才培养方案，严把质量过程关。②"专升本"：我国现行的操作是高职大专毕业生根据其专业类别和属性，升格到专业对口或相近的普通本科高校的专业，一般不跨专业（群）。专升本，学历层次的提高，不是为了摆脱"职业教育"的身份和标签，而是通过知识、技能与素养的综合提升，更加匹配于"高素质技术技能人才"的培养目标。因此，普通本科高校对于"专升本"入学的学生，要制订专门的人才培养方案，专设班级或课程，注重实践教学比例，强化实践技能的提升。③职业本科：其生源类别主要包括中职毕业生、高职大专"专升本"以及普通高中毕业生。针对不同生源，要制定具体而有针对性的培养目标和课程教学标准，设计适当的人才培养模式，既关注阶段性差异，又注重系统化衔接。

（三）发展性原则

职业教育人才培养的基本规格是技术工人，我国现代职业教育根据现阶段社会经济发展对人才需求的类型、层次和标准，将培养目标定位为高素质技术技能人才。因此，职业教育的发展性，既体现在教育对象在学校里接受知识的宽度、广度与深度，习得技术技能的高度、强度和精度，又反映在参加实习实训、跟岗锻炼和在职培训等方面的长度、密度和梯度。从20世纪80年代初我国兴办第一批本科职业大学，到2019年教育部陆续批复同意部分职业（技术）学院通过合并、转设、更名等形式升级和升格转为职业（技术）大学，开展高等职业本科教育，我国职业教育走过了一段漫长而曲折的发展历程。打通了学历上升的"断头路"，架起了人才培养的"高架桥"，在具体的人才培养过程中，提高延展性，增强张力，不断更新知识和技术技能结构体系，贯穿终身教育的发展理念。

（四）技术性原则

职业教育，全称"职业技术教育与培训"，是一种以技术技能见长、技术特征显明的教育类型。技术性是职业教育的关键属性。这里强调技术性原则，是为了将职业教育与普通教育相区别开来，避免过于强调理论知识学习，而陷入"去职业化"之虞；但同时也要注意，不管是认知还是实践层面，不可过度关注"技能化"，而使职业教育窄化为单纯的就业培训，导致长远发展的后劲不足。遵循技术性原则，关键在于中高本各级职业院校牢牢把握高素质技术技能人才的培养目标，构建工作过程系统化的课程体系，在理实一体化的课程框架下开展模块化、项目式教学，提高专业（群）建设与职业（岗位群）的关联性和匹配度，进一步促进产教融合、校企深度合作开展协同育人。

三、教育对象视阈下职业教育高质量发展的实践向度

在教育对象视阈下，明确了高质量发展的公平性、阶段性、发展性和技术性原则，要切实推动职业教育的高质量发展，需要把控好在生源质量上的入口关、在人才培养质量上的过程关、在就业质量上的出口关。通过从招生到就业全过程的质量监测与管控，落实学校教育、家庭教育、社会教育与自我教育"四位一体"的主体责任，方能实现良性互动的效果，达成职业教育高质量发展的目标。

（一）生源质量上的入口关

改革先行高考制度，增设"职教高考"序列，强调实践认知、技术技能层面的评价考核，既可以达到结构性人才测评与选拔的作用，也能倒逼先导课程加强实践课与理实一体课的学习和掌握。同时，在综合中学或普通高中增设职业认知类、专业实践类、生涯规划类等选修课程，加强职业启蒙教育，也是行之有效且非常必要的手段。

（二）人才培养质量上的过程关

职业教育人才培养走过了从关注"结果"到关注"过程"，再到"过程与结果并重"的发展逻辑。在过程层面，主要包括职业院校、行业企业以及校企合作三个维度的人才培养。职业院校要根据院校专业设置和生源特点，加强专业基础课、理实一体课的教学管理和考核评价；行业企业要根据行业类型、属性和企业岗位设置、技术专长，加强人才培养的传承延续与迭代更新；校企合作既要注重依靠职业院校系统化育人的优势，又要积极利用企业先进技术手段、管理经验和服务平台，有效发挥中国特色现代学徒制的作用，深入推进双主体育人、全过程育人。实践实训类课程的教学过程监督管理和考核评价，是确保过程达标的关

键所在。

（三）就业质量上的出口关

职业教育的人才培养最终是指向"结果"的，这一"结果"指向强调的是人才的社会实践和技术应用。《职业教育法》第四章第四十三条："职业教育质量评价应当突出就业导向，把受教育者的职业道德、技术技能水平、就业质量作为重要指标，引导职业学校培养高素质技术技能人才。"职业教育直接面向社会生产和技术创新实践一线，在毕业生从学校走向社会的过渡阶段——岗位实习，更需要强化质量意识。作为沟通学校与社会的桥梁和纽带，"宽进严出"是提高社会认可度的必然选择。随着新时期我国社会经济的高速发展，职业教育的社会期待也在逐步提高，严把毕业关口，提高"出口"质量，是对现实困境的理性突围。

（四）"四位一体"结构化育人体系

人才培养的教育形式主要包括家庭教育、学校教育、社会教育以及自我教育。其中，家庭教育是基础，以身教见长，重在培养教育对象的职业意识、职业道德，开展职业启蒙性质的教育；学校教育是关键，以言教和技教见长，开展职业认知和实践教育教学，重在培养专业知识、职业岗位技术技能、职业伦理精神等；社会教育是家庭教育和学校教育的延伸，则重在境教，通过真实情境下的跟岗学习、轮岗锻炼、在岗培训等形式，促进专业知识和技术技能的具体转化和实践应用；自我教育是培养综合能力、实现人才培养目标的核心，自我意识的觉察、自我认知与实践能力的提升以及个体对职业生涯规划的明确，是实现教育目标的"最后一公里"。因此，四种教育形式的侧重点有所不同，各有优势，也各有不足。人才培养，需要有效整合，优势互补，扬长补短，最终构建起"四位一体"的结构化育人体系。

高质量发展，既是目标性要求，又是方向性指引。作为高质量教育体系建设中的重要组成部分，职业教育的高质量发展，显得尤为关键和迫切。对我国目前的职业教育发展现状而言，需要全方位的结构性改革和整体性的综合管理提升。以教育对象视阈观之，职业教育高质量发展在公平性、阶段性、发展性和技术性原则之下，通过"职教高考"等招考形式严把入口关，职业院校与行业企业加强校企合作、深度融合"双主体"协同育人,同时加强毕业生实习环节等方面的质量监测与考核评价,确保教育对象在人才培养全过程的提质培优,从而实现职业教育由外延式发展向内涵式发展的转变,确保职业教育发展与普通教育同频共振、互融共进,达到国家和社会经济发展对职业教育高质量发展的目标和要求,培养更多高素质技术技能人才。

四、技能型社会建设背景下职业教育高质量发展的思考

(一)职业教育高质量发展的目标

宏观层面需从职业教育布局选择、类型选择以及层次选择等层面出发,助推职业教育高质量发展。建立与人口布局结构相协调的教育布局结构是新一轮职业教育改革的重要方向。随着技能型社会建设时代的来临,我国亟须大量具备知识、技能、态度以及价值观的复合型技能人才,构建以数字化、智能化为主要特征的职业教育,形成由中等职业教育体系向中高等职业教育体系过渡的职业教育新发展格局,成为推动经济社会内生增长的重要路径。中观层面需要以产教融合为基础,推进协同育人模式,加速推进技能型社会建设,推动产教融合模式常态化,助力职业教育高质量发展。第一,准确把握职业教育"产"与"教"之间的关系,实现不同层次融合。可将产教融合划分为满足社会经济发展需求、行业发展需求以及企业发展需求三个层次。第二,从专业设置与产业结构、课程内容与行业需求、教学方式与实践内容等方面,多视角、多方位提升人才培养质量,加强职业院校与企业间的深度合作,实现不同结构融合。微观层面以"德技并修"为原则,加速推进能力系建设。从市场需求与人才培养需求等视角出发,将工匠精神融入能力体系建设中,持续以技能型人才培养为目标,实现技能型社会建设背景下的职业教育高质量发展。将能力建设置于技能人才培养方案的关键位置,确保目标定位设立合理,进一步加快能力体系建设进程,实现技能型人才培养规范与能力体系建设相融合。

（二）职业教育高质量发展的推进策略

在技能型社会建设背景下，应从畅通职业教育内部衔接通道、革新传统职业教育认知趋向、推进职业教育人才培育体系建设等方面出发，着力推进职业教育高质量发展。

革新传统职业教育认知。受全球价值链重构与发展的影响，产业格局不断革新，产业链分工也日益专业化、精细化，对技能型人才的需求也在逐步加大。有必要将技能培育融入产业发展，进而推动传统职业教育认知趋向变革创新。第一，加速高质量技能型人才队伍建设。一方面是优化技能型人才培育环境。破除职业教育"低人一等"的"成见"，引导舆论立场向弘扬工匠精神、劳动精神的社会主流价值观迈进。同时，进一步拓展各类职业技能竞赛渠道，为其展示、切磋技能提供舞台，加强其劳动获得感。另一方面是畅通技能型人才职业晋升通道。加快推进职业教育与培训相结合的培养体系建设，在扩大职业培训投入的基础上，引导更多技能型人才主动提升学历水平。持续完善职业资格鉴核办法，实现初级到高级技师的职业晋升与基层职员到管理层的管理晋升双通道职业发展路径。第二，鼓励多元主体参与职业教育。以产教融合教学模式为载体，在各领域中发挥政府、企业与职业院校等多元主体的参与动能，技能资源是通过不同领域、不同参与主体集聚形成的综合性教育资源。既可以深度优化技能资源，又可以助力技能型社会建设，共同促进职业教育高质量发展。在政府层面，下放办学自主权。在相关法律法规允许下鼓励校内机构与工作人员积极参与学校事务管理，发挥其管理主观能动性。在企业层面，鼓励企业独立办学。出台职业教育扶持计划，支持与鼓励符合办学资质的大型公司、行业龙头企业建立全国性、专业性职业院校。在职业院校层面，持续探索产教融合模式发展路向。职业院校可在立足教育链与人才链的基础上，积极探索与产业链、创新链之间的有机衔接。进一步吸引企业在职技术人员、实践型人才到学校兼职、任职，持续深化产教融合、校企合作。

完善"职教高考"制度。技能型社会建设背景下，建立"职教高考"制度，打通从中职教育到专科高职教育以及本科职业教育上升通道，是确立职业教育地位的关键。第一，夯实"职教高考"制度。实现职业教育的高质量发展，势必要通过公平的竞争选拔出符合经济社会发展需求的优秀技能型人才。一方面，放开"职教高考"生源限制，允许符合报考要求的各类应届毕业生和社会性生源自由选择参加普通高考或"职教高考"，畅通普职生源自由流动机制。另一方面，扩大"职教高考"招录学生比例。持续扩大贯通培养目标，提升招录生源规模。调整地区招录比重，充分考虑不同经济发展水平、就业形势以及报考人口差异，增加人口大省与贫困地区招录比例。第二，完善"职教高考"制度顶层设计。一方面，由中央统筹规划制定统一性考试框架，规范地方政府政策执行边界。地方政府再结合其地域教学实际，制定符合当地经济发展水平、社会就业需求的特色化考试框架。另一方面，探究符合职业教育发展的考试内容与形式，以强化考试对于人才选拔的效用。在内容选择上，应重点考核学生实践能力的掌握，辅以理论知识作为综合能力提升的考量，注重对学生综合职业能力的培养。在形式选择上，实操技能考核应占据多数，笔试内容应基于技能型人才培养目标，重点考核工作实践知识的掌握。搭建"国家资历框架"。"国家资历框架"制度是国家根据一定的标准与定义，将个人通过固定方式获取的知识与技能进行分类描述并评级的一项措施。有助于形成一个公平的、自由流动的终身学习体系。可借鉴国际"资历框架"搭建经验，参考英国"国家资格框架"体系，将现有证书分类进行重新划分，制定涵盖基本素质证书、职业教育类证书、专业技术证书在内的六类资历框架，进一步推进全国统一性质的"国家资历框架"制度。推动"国家资历框架"制度与"1+X"证书制度有机融合，借鉴德国经验，打破学历资格与职业资格两路并行局面，使得不同类型教育资格证书具备同等价值，我国可在"国家资历框架"建设中加强与"1+X"证书制度分类的对接，进而以统一性资历框架推动学历资格证书与职业资格证书"互认"。

  搭乘"政策红利"便车。紧跟政策方向，沿着政策支持的路径发展职业教育。2022年12月，中共中央办公厅、国务院办公厅印发了《关于深化现代职业教育体系建设改革的意见》，围绕职业教育自立自强设计的五项重点工作：提升职业学校关键办学能力、加强"双师型"教师队伍建设、建设开放型区域产教融合实践中心、拓宽学生成长成才通道、创新国际交流与合作机制。提出了"一体两翼"的发展方向。探索省域现代职业教育体系建设新模式，建立市域产教联合体和行业产教融合共同体。2023年6月，《职业教育产教融合赋能提升行动实施方案

（2023—2025 年）》由国家发展改革委、教育部、工业和信息化部、财政部、人力资源社会保障部、自然资源部、中国人民银行、国务院国资委印发实施，通过"试点、政策、资金"三个抓手，为职业教育产教融合赋能。赋能方面：一是试点赋能。梳理总结首批国家产教融合试点城市经验做法，启动遴选第二批 30 个左右国家产教融合试点城市，再遴选一批国家产教融合型企业，加快形成"头雁效应"。二是政策赋能。健全激励扶持组合举措。让"金融＋财政＋土地＋信用"的支持政策看得见、摸得着，让产教融合型企业真正尝到甜头、得到实惠。三是资金赋能。中央预算内投资引导撬动，各级各类资金协同发力、共同支持职业教育产教融合的投融资工作格局已经基本形成。提升方面：一是提升专业体系。切实做到"学科跟着产业走、专业围着需求转"。二是提升实训水平。聚焦"十四五"规划纲要提出的建设 100 个高水平、专业化、开放型产教融合实训基地的目标任务，充分发挥中央预算内投资引导和撬动作用，加强实训基地建设组合投融资支持，优先支持一批产业对接紧、辐射带动强、实训效果好的产教融合实训基地。三是提升融合深度。针对"校热企冷"的情况，支持有条件的产业园区和职业院校、普通高校合作举办混合所有制分校或产业学院，支持推进职业学校股份制、混合所有制改革，允许企业以资本、技术、管理等要素依法参与办学并享有相应权利。通过这些措施，打消企业的顾虑，变"一头热"为"两头甜"。

第五章 职业教育高质量发展重要切入点：产教融合、校企合作

工学一体化技能人才培养模式是将工作过程和学习过程融为一体，培育德技并修、技艺精湛的技能劳动者和能工巧匠的技能人才培养方式。开展工学一体化工作是实现人才培养模式变革、提升技能人才培养质量的重要突破口，是促进企业需求融入人才培养环节、拓展产教融合培养内容的重要措施，有助于实现理论教学与实践教学融通合一、能力培养和工作岗位对接合一、专业学习和工作实践学做合一。推进工学一体化培养模式的主要方式是校企合作。

一、职业教育产教融合的重要价值

职业教育产教融合对于建立现代化产业体系、建设人才强国、全面提升人口素质、以人口高质量发展支撑中国式现代化具有重要作用。

第一，推进职业教育产教融合是建立现代产业体系、赢得大国竞争主动的迫切需要。加快建设以实体经济为支撑的现代化产业体系。推进职业教育产教融合，能够培养数以亿计的高素质技能人才。建设现代化产业体系，不仅需要问鼎学术巅峰的一流科学家，还需要扎根生产一线的高素质技能人才。职业教育通过培养高素质技能人才，推动创新变为现实、设计变成产品、技术转变为生产力，为我国产业链、供应链保持强大韧性、行稳致远提供坚强保障。

第二，推进职业教育产教融合是建设人才强国、推动人口高质量发展的重要路径。在我国这样一个规模巨大的经济体里，要支撑14亿多人口的社会整体迈进现代化，需要规模巨大的高素质技能人才。办好职业教育，将对建设人才强国、

推动人口高质量发展发挥重要作用。职业教育人才培养规模上已占我国高等教育的"半壁江山",我国有1万多所职业院校、3000多万名在校生。要建成人才强国,就必须建成既有规模、又有质量的现代职业教育体系,必须坚定不移地推进产教融合。

第三,推进职业教育产教融合是保障民生、促进就业的现实要求。通过让更多的普通劳动者通过自身努力进入中等收入群体行列,职业教育对保障民生发挥了重要作用。职业教育也是一种就业教育,近年来,中职、高职毕业生就业率分别超过95%和90%。推进职业教育产教融合,有助于增强劳动者求职择业能力、稳定就业能力、转岗转业能力,有利于提高劳动者职业技能素质,让劳动者更加适应市场需求。近年来,财政部深入贯彻落实中共中央、国务院关于职业教育工作的决策部署,积极发挥财政职能作用,加大对职业教育的投入力度,支持职业教育高质量发展。

二、实习与技能形成

(一)实习的内涵

一直以来,在技术技能人才或者准技术技能人才的技能培训过程中,生产实习一直是重要的训练方式。在职业技能训练过程中,理论知识学习和生产实践学习可以相互促进,提高受训者技术技能水平。教育部办公厅2003年12月18日颁布的《关于进一步加强中等职业学校实习管理工作的通知》强调了实习在技术技能形成过程中的重要性,实习是中等职业学校实践教学的主要形式之一,是执行教学计划和课程大纲的关键环节,是实施专业知识与生产实际相结合的教学形式,是在教师的组织和指导下通过从事一定的工作实践或生产操作对学生进行特定的技术、技能或综合职业能力训练的过程。

改革开放后,大部分中等专业学校尤其是工业性质的中等专门学校、技工学校、职业学校以及企业学徒制等在技能培训过程中依然多数将生产实习作为一门主课。1982年3月,国家经委和国家劳动总局印发《关于加强技工学校生产实习教学工作的几点意见》强调,生产实习是技工学校的一门主课。1985年颁布的《关于教育体制改革的决定》要求各类中等职业技术学校进一步加强实践性教学环节,除了要加强实验、实习和技能训练外,更要引导高年级学生利用所学服务社会,开展技术推广、技术服务和技术实践活动,扭转职业技能教育中存在的"重理论轻实践应用"的倾向。1985年8月印发的《关于技工学校改革的几点意见》进一步强调了生产实习对技能训练的重要性。技工学校教学工作必须突出操作技能的训练,搞好生产实习教学。在具体方式上,通过"自建实习工厂"和"下他厂实习"两种途径展开。

(二)生产实习与技术技能人才技能形成的关联

生产实习过程中,学生(实习工)具有两种角色,一是作为实习工厂的"工人",需要从事生产劳动,完成工作任务;二是作为相关培训机构的学生,需要在生产劳动过程中,检验和巩固在学期间所学的技术理论知识,提高实际操作和运用的技术能力。如何在制度设计上均衡学生身上的"劳工"与"受训者"角色之间的张力是关系到生产实习技能训练效果的重要因素。在计划经济体制时期,技术技能人才是一种身份,学生在生产实习中一般均已经获得了工人身份或身份承诺,并且获得了未来进厂工作后的技术等级及相应的工资等级的保证。这种未来承诺对于防止学生沦为"廉价劳工",保障其"以学为主"稳定技能形成秩序起到了重要作用。在改革开放以后,随着私有企业兴起、国企改制以及国家用工政策的市场化改革,生产实习的制度基础发生变化,其在技能形成中的角色也发生了变化。

20世纪80年代中后期,计划经济体制时期形成的"工学结合"式的生产实习活动逐渐被"产学合作""产教结合"等合作式教育所代替,后来又加入了新的主体,"产学研合作"。近年来,主要倡导"产教融合"。随着产业类型的多样化,生产实习也逐步统一换称为"实习",教育部办公厅2003年12月颁布的《关于进一步加强中等职业学校实习管理工作的通知》将实习界定为"学生以生产、技术、管理或服务人员身份在特定的工作岗位上直接参与生产实践的过程"。2016年4月,教育部等五部门印发的《职业学校学生实习管理规定》对学生实习进一步细分为认识实习、跟岗实习和顶岗实习三种类型。认识实习是指学生由职业学校组织到实习单位参观、观摩和体验,形成对实习单位和相关岗位的初步认识的活动；跟岗实习是指不具备独立操作能力、不能完全适应实习岗位要求的学生，由职业学校组织到实习单位的相关岗位，在专业人员指导下部分参与实际辅助工作的活动；顶岗实习是指初步具备实践岗位独立工作能力的学生，到相应实习岗位，相对独立参与实际工作的活动。

从训练方式的角度来看，实习包括：①工学交替训练模式，学生在学校学习技术技能理论知识和工厂企业生产劳动实践交替进行。要求学生多次到工厂企业实习或顶岗工作。②"2+1"分段训练模式，在三年培养期里，两年在学校进行理论学习，一年在企业进行定岗实习。学生结合生产实践由校内导师和企业导师共同指导完成毕业设计。③定向委托培养模式，是指相关专业学生入学后即与企业签订就业协议，由企业出资供其读书，学生毕业后到该单位就业。在具体的技术技能训练过程中，学校与企业共同参与。④订单式合作训练模式，指用工单位与培养单位签订用工协议，双方共同制订技术技能人才的培养计划，利用双方资源参与训练过程，最后由用工单位按协议约定安排学生就业。这种模式中企业参与程度高，在提供实习场所、资源匹配以及后期就业上提供诸多支持。

三、实习面临的挑战与风险

很多研究表明，目前准技术技能人才生产实习面临诸多挑战与风险：①实习工在法律身份上缺乏清晰的界定，陷入权利贫困境地，在实习过程中面临着权益侵害与维权难的风险。实习工在法律身份上到底是学生还是技术技能人才，存在诸多复杂情况和争议，导致立法难。②学生在生产实习过程中面临劳动贬值的风险，尽管国家多次发文对实习工资进行明文规定，但在实践中执行难度非常大。③实习内容与所学专业脱节，难以起到提高技能、提升水平的实习目的。

（一）实习工劳动力的隐性商品化程度提高

劳动力商品化是指劳动力作为一种商品在劳动力市场上进行流通与交易的过程。与劳动力市场中的劳工不同，实习工劳动力商品化属于一种隐性商品化，其身份依然是学生，通常与企业签订实习协议而非劳动协议，与企业之间不存在劳资雇佣的法律关系，《劳动合同法》等相关法律不适用于实习生。此外，实习工实际上是以较为低廉甚至无报酬（只有补贴）的劳动方式分担企业提供实习岗位的成本，并以此作为交换获取技能实习的机会。

实习工（学徒工）培训实习期间的薪酬低是国际惯常做法。比如德国学徒工在企业实习培训期间，其收入一般是行业平均工资的五分之一左右，收入最高的金属和电气学徒工的实习培训津贴也不足行业平均工资的三分之一。教育部等五部门2016年4月印发《职业学校学生实习管理规定》第十七条规定："接收学生顶岗实习的实习单位，应参考本单位相同岗位的报酬标准和顶岗实习学生的工作量、工作强度、工作时间等因素，合理确定顶岗实习报酬，原则上不低于本单位相同岗位试用期工资标准的80%，并按照实习协议约定，以货币形式及时、足额支付给学生。"但很多学者的研究发现，工厂中实习工薪水比较少，2019年的一项调查数据显示，80%的顶岗实习学生的实习工资只有实习单位试用期员工工资的40%~60%，有13%的学生连试用工资的40%都达不到。实习工加班时间过长则从另一方面加深了劳动力隐性商品化程度。按照《职业学校学生实习管理规定》第十六条规定："学生跟岗和顶岗实习期间，实习单位应遵守国家关于工作时间和休息休假的规定，并不得有如下情形：安排学生在法定假日实习；安排学生加班和夜班。"但实际上学生在实习过程中加班几乎是常态。实习工每天上班超过8个小时的占比达60.7%，每天工作超过10个小时的比例高达7%。隐性商品化程度的不断加深很大程度上提高了学生的劳动强度，淡化了实习意图，导致实习离岗率和流动率居高不下，不利于实习技能的积累；实习生沦为廉价"实习工"现象普遍，企业以"实习工"缓解"用工荒"，事实上偏离了生产实习的初衷。

（二）劳务中介参与实习组织过程

一般而言，职业学校应当通过一系列程序选定实习企业，直接与企业签订相关协议，达成产教合作关系，安排学生实习。但是基于实习过程中的管理便利、降低生产实习的成本以及提高生产实习组织效率等原因，将生产实习委托给第三方劳务中介公司以劳务派遣的方式来组织管理，成为很多职业学校的选择。在劳务派遣或者劳务外包用工中，企业向劳务中介公司提出用工需求，由这些劳务中介机构临时招募和管理劳动力。从企业角度来说，这属于非正式用工方式。

将实习组织过程市场化，一定程度上提高了职业学校组织效率，有助于其减少管理职责，降低管理成本。但是从实习生技能形成角度，有两个消极后果。一是将生产实习行动转换为劳动力市场交易行为，推动了实习生劳动力的商品化，生产实习的技能形成意图被劳务获取目的所取代。中介环节产生的诸如返现、保险等利益被机构甚至职业学校所占有。这种高度市场化的生产实习衍生出庞大的"实习经济"，同时也将实习生商品化为"廉价劳动力"。二是改变了生产实习过程中的关系结构。理论上生产实习过程中，职业学校的指导老师以及实习企业配备的厂内导师，他们与实习生之间是师生关系，对实习生的技能实训行动负有共同指导职责。教育部等五部门2016年印发的《职业学校学生实习管理规定》第七条规定："职业学校和实习单位应当分别选派经验丰富、业务素质好、责任心强、安全防范意识高的实习指导教师和专门人员全程指导、共同管理学生实习"，从而达到规范和加强职业学校学生实习工作，维护学生、学校和实习单位的合法权益，提高技术技能人才培养质量的目的。但是一旦生产实习委托给市场性劳务中介以后，则改变了其中的关系结构。学校指派的实习指导老师可能会成为劳务中介整合劳动力资源的参与者，稳定实习生在工厂中参与生产过程中的情绪和秩序，减少实习生流动率成为其主要任务。工厂中的实习指导老师与实习生更多是一种同事关系，完成生产任务是他们的首要目的。对于企业而言，通过市场化劳务中介获取实习生本意或许在于劳动力获取而非提供职业培训。企业提供的实习指导老师对于给予实习生技能指导缺乏动机。在市场化生产实习组织过程中，劳务获取代替了生产实习中的技能训练内涵，一定程度上架空了校企之间的实质融合，影响了准技术技能人才在实际岗位上的技能训练效果。

（三）实习岗位安排与专业不对口

在生产实习中，专业对口是提高技能实训效果的基本原则。在市场机制作用下，生产实习与未来就业选择之间的关联是松散的。如果实习学生实训技能匹配的质量高，会反向激励实习学生依据专业对口原则选择实习。反之，则多将生产实习视为一项必须完成的教学任务，对专业是否对口考虑不多。德国的双元制技能形成模式，实行"企业主导、学校辅助、实践为主、理论为辅"的训练机制。企业之所以花费成本高度介入职业学生生产实习并提供专业对口的实习岗位，一个重要的原因在于企业能到主导培训过程，通过契约合同等非市场化协调机制使大部分实习学生将来能够留在企业工作。因此对于实习企业而言，提供专业对口的实习岗位，实质是对企业未来技术技能人才积累的投资。

（四）政策层面的解决办法

为了解决中等职业学校学生实习过程中面临的风险，教育部办公厅曾经于2010年9月下发《关于进一步加强中等职业学校学生实习风险管理工作的紧急通知》，提出加快建构形成全国统一的实习风险防范体系。2016年教育部联合财政部、人力资源社会保障部、原安全监管总局、原中国保监会进一步规范实习管理。此类政策有助于减少实习工风险，一定程度上起到保护学徒工的权益，但并未能够有效加深校企合作程度，影响到提高技术技能水平的初衷。有学者认为，目前教育学多从"学校单一主体"思维来分析，将企业作为客体或"被合作者"。在这种思路下，强化校企合作提高实习质量通常有两种路径：国家出台制度约束企业行为，出台相关补贴等优惠政策吸引企业参与。也有学者转换研究思路，提出"企业第一主体"。比如社会学研究一般从非正规用工角度来探讨学生实习，聚焦此类学生的权益保护，讨论实习工生产现场"同意"的背后机制。

2022年实施的《职业教育法》从三个方面做出了有针对性的规定。第一，法律明确规定了学生在实习期间的权利和实习单位的义务。法律中明确，接纳实习的单位要保障学生在实习期间按照规定享有休息休假、获得劳动安全卫生保护、参加相关保险、接受职业技能指导等权利，明确对上岗实习的学生要签订实习协议，给予适当的劳动报酬。第二，明确了学校责任。要求职业学校加强安全生产教育，明确实习实训的内容和标准；特别明确禁止学校安排学生从事与其所学专业无关的实习实训；禁止学校违反相关规定，通过人力资源服务机构、劳动派遣机构或者非法从事人力资源、劳动派遣的组织和个人来组织、安排、管理学生的实习实训；禁止学校以介绍工作、安排实习实训等名义违法收取费用。第三，明确规定了违法的处罚责任。《职业教育法》对侵犯学生实习期间权益的法律后果做了专门规定。用人单位侵害学生权利的，要依法承担相应的法律责任；职业学校违规安排学生实习实训的，要由教育等部门责令改正，没收违法所得，并处以相应的罚款；人力资源服务机构等单位或个人违规从事中介业务的，由人社等相关部门责令改正，没收违法所得，并处以相应的罚款。

四、美国合作教育（实习）参与主体的关系

（一）美国合作教育（实习）参与主体法律关系

1. 学生与企业

在研究合作教育学生与其工作实体之间的法律关系时，需要回答的最关键问题是该学生是否为员工。确定合作教育学生是否为员工涉及多个法律领域，每个领域都有不同的定义和标准。简言之，合作教育学生的身份与正式员工有不同之处。合作教育学生身份具有一定的法律权利和责任，并赋予学校和企业相应的法律义务。美国劳工部设定了六个标准，用于区分正式雇员和培训学员：①培训涉及企业设施的实际操作与职业学校的培训类似；②培训是为了受训人员或学生的利益；③受训人员或学生不能代替正式员工，而是在正式员工的密切观察下工作；④企业培训老师没有从受训人员或学生的活动中获得直接利益，甚至其正常的工作操作因培训受到阻碍；⑤受训人员或学生的培训不与是否成为正式雇员挂钩；⑥企业和受训人员或学生都事先知晓，受训人员或学生培训期间没有工资。合作教育学生受到就业的所有普通属性的约束，包括面对企业解雇的情况。在合作教育中，企业解雇学生的权力可根据企业与学校签订的协议条款进行修改，如果确定终止学生参与合作教育，需要履行某些特定要求或程序，比如向学生和学校发出通知，或者提供某些程序性权利，此类协议可为学生提供一定程度的保护。非自愿离职的一个常见问题是能否有资格领取失业补偿金，即使就业岗位不复存在，学生也有资格领取失业救济金。

2. 学生与学校

参与合作教育者是一名学生，受就读学校的规则和要求的约束。同时参与合作教育者也是一名雇员，受雇于与学校分离的企业，需遵守法律、规则和工作场所的规定。学校和企业之间也存在千丝万缕的关系。作为一名雇员，学生对企业负有一系列责任。比如具有执行工作的能力，执行工作时必须能够服务和保护

企业以及第三方（如同事、客户和公众）的利益。同时，企业有义务在安全的环境中为学生提供适当的工作、适当的监督以及适当的工具和设备，并根据企业和雇员之间的协议以及适用法律对学生进行补偿。

另外，作为一名学生，对其所在学校也负有一系列责任，比如从事合作教育安置的岗位，履行任学术职责，在工作时保护学校的利益。学校有义务正确评估学生的技能、能力和不足。将学生安置在适当的位置，保护其免受伤害，并以毕业证书或其他认可的形式认证学生履行了其在学术领域中的职责。

3. 学校与企业

在学校和企业之间存在着另一组关系。在参与安置过程的学校范围内，学校有义务充分筛选和评估每个学生，根据技能和要求的合理匹配进行岗位安置，告知企业可能影响学生工作表现或影响其健康及福利方面的受限情况，或可能影响与学生互动的其他人的健康和福利的受限情况。学校与提供合作教育岗位的企业签订合同需明确包含的事项：明确学生和学校在合作教育岗位安置方面的具体责任。学生在安置地点的身份性质，如员工或独立承包商。合作教育开始和结束日期。学生参与合作教育产生的学术奖励，比如获得的学分或成绩。合作教育评估方法和频率，以及评估结果对学分或分数的影响。明确学生、学校和企业三方在合作教育岗位安置、工作职责、过程监督以及协议终止方面各自的权利和责任。如何解决学生与其企业之间，或学生与学校之间因安置而产生的争议。反之，企业要承诺合理使用学生，保护学生免受损失或伤害，遵守合作教育计划中包含的学术监管要求。

（二）企业如何对合作教育学生实施有效监督

（1）让学生了解公司，包括公司的宗旨或理念，相关的职位、地位、组织结构图、晋升机会、薪酬和福利政策，以及公司为什么开展合作教育。

（2）引导学生了解特定部门，包括部门组织结构、工作时间、记录保存、时间表、加班和病假政策、假期、停车、公共交通、着装规范、午餐和休息时间、办公用品、安全设备和程序，带领学生参观并介绍办公室。

（3）引导学生了解公司所在的城市，包括住房、娱乐、购物、教堂、医疗设施和文化活动。

（4）在每个工作周期开始时，了解学生的专业和学术发展，学生以前的工作经验，讨论学生的兴趣和关注点，并确定工作期内要完成的若干简明的以及可量化的学习任务，这些任务要兼顾学生和公司的兴趣和需求，并与学生手头的工作相关，告知学生学习任务的评价方式。

（5）在每次任务开始时，向学生进行全面的说明。说明应包括关于任务整体状况、状态、时间表、学生的具体责任和任务，以及它们与任务的关系。说明应概述预期工作的质量和完整性。给学生明确指导，告知学生向谁汇报，谁将在整个工作期间指导学生。阐明预期工作的时间、如何评估、何时评估以及由谁评估。评估要应将学习目标与任务联系起来，并明确额外的学习机会。最重要的是在整个工作期间保持细致的沟通，确保任务有效完成。

（6）酌情评估学生在整个工作期间的工作表现。

（7）酌情评估整个工作期间的学生学习目标。

（8）在结束时与学生一起对工作进行回顾总结。发现需要改进的工作，以及学生已经掌握了哪些技能。征求学生的意见，确定学生的喜欢什么，不喜欢什么，关注什么。就工作表现和职业发展问题向学生提供专业咨询，针对学生学术发展机会提出建议。

（9）根据下一个工作期间的预期工作，指明学习机会，制订初步行动计划。

（10）在学生返校后与他们保持联系。

全过程评价。评价从面试或选拔过程开始，并贯穿学生的整个职业生涯。面试过程中形成的印象会影响学生的最初培训计划，而合作教育过程中形成的印象会影响学生后续要开展的计划。是否提供全职就业岗位，最终取决于学生在参与合作教育期间的表现和潜力。在此期间给予学生的指导和评价将对企业是否录用学生产生重要影响。定期评价为企业提供了一种有效的机制，既可以评价学生的总体工作表现，也可以判断学生能否承担更大的责任。通过评价沟通，达到提高工作绩效的目的。评价帮助学生确定其他人如何看待自己，也为学生提供了另一种帮助其改进和提高效率的机制。该评价为管理人员做规划决策提供信息。

（三）风险管理

合作教育的实施存在一定的风险。风险可分为两大类：参与学生遭受的伤害或损害；由于参与学生的行为而导致他人受伤或遭受损害。一般来说，合作教育管理人员更关心第一种风险。但一个全面的风险管理计划不仅要保护参与的学生，还要保护企业、工友，以及学校本身的利益。重要的是确定谁可能对导致伤害或损失的特定行为过程负责，此外，谁可能最终对该行为过程造成的损害承担经济责任。简言之，最终承担财务责任的一方不一定是其行为造成损失的一方。保险旨在提供一种损失转移机制，保护被保险方免受实际财务后果的影响。我们从逻辑上认为学生造成的损害当然应该由学生承担责任。然而，虽然损失的直接原因可能确实是参加合作教育学生的行为，但最常见的情况是，学生不会对损失承担经济责任。因为学生代表企业行事，企业是学生工作的实际受益者，这种情况下企业需要对合作教育参与学生在执行工作任务时造成的损失负责。但是如果能确定学生被授权在其工作中独立判断，责任可能直接落在学生身上。

1. 免责

许多学校和合作社企业要求参加合作教育的学生对因合作教育安置而造成的伤害或损害执行"免除责任"。要求签署"免责书"的表面目的是阻止学生在受伤或其他情况下对学校或企业提起诉讼。然而，除非所谓弃权的条款非常巧妙，否则此类"免责书"没有任何意义。一个人不能为另一个人的过失免责，这是法律的一项基本原则。即使学生声明免除了学校（或企业）对企业（或学校）的所有行为的所有责任，学生在执行其工作任务时，因企业或学校的疏忽而受伤，学校（或企业）仍需承担责任。作为参加岗位安置的一个条件，可以合理地要求参与合作教育的学生，承担常见的与所从事工作相关的特定风险。为了有效起见，风险假设必须满足某些最低要求：①必须针对所涉及的风险，具体说明可能产生风险的活动类型；②风险必须合理且可预见；③学生必须具备必要的知识和成熟度，自愿承担风险。

2. 赔偿

合作教育项目管理中的第三种常用技术是赔偿协议。通过该机制，一方在合同上同意"赔偿"另一方或多方因其参与项目而遭受的任何损失。通常情况下,赔偿协议不包括由受偿方的疏忽或有意的不当行为造成的损失。赔偿是转移损失负担的有效机制。它与保险单具有可比性,因为它不会降低任何一方的行为的可诉性,而是将该行为的责任转移给另一方,或要求一方对其自身的行为负责。与保险的类比之所以重要,有如下原因:保险单的价值完全取决于保险公司支付索赔的能力。同样,赔偿协议的价值取决于赔偿人承担协议涵盖的任何损失的能力。如果赔偿人缺乏处理损失的财务能力,则赔偿协议毫无价值。因此,最重要的是确定赔偿人是否有经济能力对任何可能的损失进行赔偿。比如学校向其安置合作教育学生的企业申请赔偿协议,如果企业是一个小型社区组织,其签署此类协议对于保护学校的利益几乎没有实际价值。

3. 保险

针对合作教育教师实施产生损失的最简单的保护形式是提供足够全面的保险。保险计划应涵盖所有潜在风险:参与者学生受到的伤害或损失或由于学生参与造成的损失。保险应涵盖因被保险方的直接行为或归因于该方的损失。参加合作教育学生的行为是否被其所在学校的责任保险所涵盖,这引发了一系列的问题。一般而言,学校不对学生在校园以外的行为负责。但是如果能够证明学校与该活动有直接关系,学校就要对学生校外活动造成的行为或损失负责。学校与该活动关系的程度决定了责任问题,并设定了学校责任保险是否适用的门槛问题。修改学校的一般保险责任政策,将学生参加合作教育纳入保障范围。在这样做的过程中,学校不会改变其自身的责任,并不意味着学校会以某种方式承担本应由企业承担的责任。学校要做的是确保如果由于学校的行为造成损失,保险公司将支付账单。保险与赔偿的不同之处在于,它将财务责任从一方自身转移到另外一个独立的实体,而不是转移到合作教育的其他参与方。

五、成渝地区打造产教融合高地的思考

成渝地区双城经济圈建设被赋予了建设成为具有全国影响力的重要经济中心、科技创新中心、改革开放新高地、高品质生活宜居地"两中心两地"的战略

定位，是重大国家战略。打造成渝地区产教融合高地，有助于推动教育与区域经济社会发展需求充分对接，为成渝地区双城经济圈建设提供强有力人才支撑。职业教育作为经济属性最强的教育类型，在支撑产业经济社会发展中发挥着十分重要的作用。然而，类比粤港澳大湾区、长三角经济圈等其他四大经济圈，成渝地区双城经济圈在职业教育产教融合支撑区域经济产业发展还存在较大差距。为此，川渝两地需要植根成渝特色产业基础，协同打造西部产教融合高地，从而助力双城经济圈建设走深走实。

（一）成渝地区双城经济圈产教融合存在的主要问题

职业教育整体水平不高，难以满足产业发展需求。一是高水平职业院校偏少。与粤港澳大湾区相比，其国家"双高"职业院校（不含港澳）有 5 所，成渝双城仅有 3 所；另外，大湾区高职院校（不含港澳）93 所中 26 所进入全国前 300 强，而成渝双城 125 所高职院校仅 20 所进入全国前 300 强。二是轴心区职业教育薄弱。成渝中部地带轴心区域的重庆璧山、大足、潼南以及四川简阳、资阳、安岳等地，职业院校布局较少甚至缺位，导致职业教育资源严重不足，职业教育"中部塌陷"难以支撑成渝地区双城经济圈轴心区域产业功能定位。三是产教融合竞争力不强。越是经济发达的地区其职业教育水平越高，越是职业教育水平高的地区其经济也越发达。2022 年，广东、江苏两省 GDP 分别排名全国第 1、第 2 位，而根据中华职教社发布的职业教育发展指数显示，排在前两位的依然是江苏和广东。四川、重庆两地 GDP 排名分别为第 6 和第 16 位，其职业教育发展指数也是远低于广东、江苏两地。据金苹果的数据显示，2023 年高职教育竞争力排行中四川排第 6 位，重庆排第 14 位；江苏、广东依然是排第 1、第 2 位。

产业教育规划不同步，难以形成产教聚集效应。一是产教区域规划不同步。成渝两地的都市圈内职业院校布局较多且水平较高，但产业规划一般避开主城都市圈，以疏散都市核心圈功能缓解城市压力。由于职教园区和产业园区没有同步规划，造成教育与产业空间跨度大，"园区教育"和"园区经济"还未形成协同发展的合力。二是产业专业规划不同步。成渝两地产业与职业院校专业规划不协调不同步，比如成都在"中优"区域布局的产业以文创为主，着力建设国家文创中心、国际文化交流与展示中心；而位于"中优"区域的成都职业技术学院主打专业集中在软件、计算机类,与产业匹配度不高;又如重庆茶园新区主要布局大数据智能化产业,打造"中国智谷",而毗邻的重庆建筑工程职业学院则以建筑类专业为主,产业专业对接契合度不高。除此之外,两地产业专业对接不充分的情况还十分普遍。三是产教规模规划不同步。当前,成渝两地职业教育就业导向功能弱化,追求升学已成气候,没有根据产业规模需求来确定职业教育层次规模,技术技能人才培养盲目地走向"高端",这不符合区域各种类型层次产业协同发展的布局要求。升学趋势明显将不利于缓解"用工荒"问题,也不利于职业教育类型特色的彰显。

产教同质化倾向突出,难以形成整体竞争合力。一是产业同质化倾向明显。成都"十四五"规划打造集成电路、智能终端、高端软件、汽车制造、轨道交通、航空航天、生物医药、绿色食品、新型材料、能源环保装备等10个以上千亿级产业集群,打造电子信息、装备制造2个万亿级产业集群。重庆提出大力实施"2+6+X"先进制造业产业集聚提升培育行动,"2"指智能网联新能源汽车、电子制造业2个万亿级产业集群,"6"指集成电路、新型显示、智能装备、先进材料、生物医药、新能源及新型储能,"X"代表培育人工智能、卫星互联网、绿色低碳等未来产业。二是职业教育同质化现象突出。重庆高水平职业院校专业设置主要集中在电子信息、智能制造、工程技术等方向,四川高水平职业院校专业设置主要集中在建筑工程、航空航天、计算机软件等领域,从专业大类方向来看其重合度很高;同时两地各院校细分专业相似、相近、相同问题突出,"千校一面"现象明显,院校专业个性化、特色度、辨识度不高。三是跨区域协调整合机制欠缺。虽然成渝两地各部门建立了联席会议制度,也成立了成渝地区双城经济圈产教融合发展联盟等组织,但由于机制的"协商性质"大于"行政性质"以及各种组织的松散性,大幅增加了成渝两地院校专业规划差异化发展的难度。

(二)成渝地区双城经济圈打造产教融合高地的路径策略

补齐中部塌陷短板,变产教融合"洼地"为"高地"。一是推动中部地区产业崛起。"重庆向西、成都向东"顺应国家战略大势。两地要统筹规划中部轴心区域产业发展,协同布局区域产业集群,形成错位发展的产业生态圈以及产业链整体竞争力。依托安岳、潼南柠檬等特色产业优势,科技赋能农业发展,打造高科技现代农业示范区，嫁接升级培育创新药物、健康食品和新型健康产品。璧山、简阳要利用两大新机场优势，布局航空产业集群，形成航空装备制造、运营维护、飞行培训等产业链条。二是推动中部地区职教振兴。围绕中部地区产业布局和发展需要，同步规划职业教育资源配置，根据产业层次和规模确定职业院校层次、专业方向、招生规模。比如在航空产业集群区域布局航天航空类职业院校，在现代农业示范区布局农业类或生物医药类职业院校，支撑产业发展壮大。成渝两地要给职业院校在土地审批、资金支持、人才引进等方面足够的便利和支持，为职业教育在中部地区发展创造条件、铺平道路。三是推动产教融合型园区建设。随着我国区域经济发展、产业结构调整升级，各省市大力发展高新区、工业园等产业园区，"园区经济"成为当下区域经济集群式发展的高效模式和重要增长极。新布局的职业院校或职教园区要与产业园区深度融合，形成产教同步规划、协同发展机制，产教融合推动轴心区域经济高质量发展。

健全卫星城产教体系，变产教融合"高地"为"高原"。一是高品质建设卫星城市群。加快成渝主城核心区功能疏散，重点建设以永川、泸州、宜宾等城市为核心的川南渝西城镇群，以万州、开州、达州为核心的"万达开"城镇群，以及"南遂广合"城镇群等"三大"卫星城市群。根据城市群人口规模，高标准加强道路交通、医疗卫生等基础设施建设，提升卫星城市群生活品质。二是高标准建设职业院校。目前，永川成功打造了西部职业教育基地，常驻学生10余万人，产教城融合模式十分典型，此模式值得两地推广借鉴。成渝两地要结合城市群产业规划，在卫星城市群高标准建设本科层次、专科层次职业院校以及中职学校，比如在"万达开"、川南渝西分别布局至少1所本科职教，2～3所高职专科，中等职校若干，积极探索构建现代职业教育体系，提升职业教育服务产业发展和高品质生活的能力。三是推动产教城一体化发展。产业是核心，教育是基础，城市是载体。成渝双城要根据卫星城镇群产业基础以及发展定位，跨省市、跨区域异质错位地布局产业群或产业链。职业教育要围绕产业设置专业、确定招生规模、创新校企协同育人模式，两地要健全卫星城产教融合体系，推动产教城一体化高质量发展。

做强双城都市圈产教高端，变产教融合"高原"为"高峰"。一是聚焦战略要求布局高端产业。成渝双城都市圈要聚焦国家战略性新兴产业，协同发展智能网联新能源汽车、电子信息、高端装备、科技创新以及现代金融服务业等高端产业和产业高端，甚至要提前谋划布局生物合成技术、基因编辑技术、宇宙空间技术等未来技术和产业，使之成为"双城"经济发展的助推器和动力源。二是打造职业教育高端人才培育基地。聚焦高端产业和产业高端，成渝两地要在都市圈布局高水平职业教育本科院校至少 2 所，依托应用型本科院校招收专业硕士、专业博士，探索建立普职融合的高端连接，打造职业教育高端人才培育基地，在西部地区形成职业教育的高峰高原。三是切实推动"两城一区"融合发展。成立由政府牵头的跨职业院校、高等院校、产业园区的产教融合联盟，探索打通高端人才在职业教育和高等教育间有序转换的"成长立交桥"，探索教育高端、科技高端与产业高端深度融合的新模式，切实推动大学城、职教城、高新区"两城一区"融合创新发展，实现教育链、人才链、产业链、创新链有机衔接，为建成具有全国影响力的重要经济中心、科技创新中心、改革开放新高地、高品质生活宜居地注入新的活力和动力。

第六章 职业技能竞赛赋能职业教育高质量发展

职业技能竞赛作为技能提升精准对接产业发展的渠道之一，不仅是准技术技能人才技术锻造的炼金炉，更是资深技术技能人才回炉重造、精益求精的不二选择。技术技能人才技能要求根据产业动态变化联动发展，这不仅取决于行业产业核心技术的变革，也囿于行业外部发展环境的更替。职业技能竞赛是产业工人技能匹配重要途径，不仅最大限度地降低了技术技能人才技能匹配的成本，同时大幅提升了准技术技能人才转变为事实技术技能人才的实时效率，充分实现技能匹配的延展性。同时，职业技能竞赛也是技术技能人才技能提升的加油站，竞赛内容与规则与产业发展一线最新技术实时联动，比赛过程中催生更优操作方法，新的技能手段必然会反哺产业发展，是技术技能人才技术技能提升的引擎之一，不断为产业发展增值赋能。不仅如此，职业技能大赛选手更是技术技能人才技术储备力量，获奖选手的能力储备与技术技能人才的整体素质与实力密切相关。一方面大赛选手具有得天独厚的技术匹配；另一方面，大赛选手因参赛经历而具备技术技能人才的素质。大赛参与过程不仅是对选手技能水平的千锤百炼，更是对选手意志力、应变力、创新力的整体提升。职业技能竞赛规范之繁复、标准之严苛、要求之全面，是技术技能人才技能匹配的护航员，同时也是技术技能人才坚持、发展、弘扬劳模精神、劳动精神和工匠精神的有力保障。

一、大赛对学生职业发展具有积极作用

（一）指导老师视角

技能大赛指导老师认为参加技能大赛是振兴产业、提高劳动者素质、提升自身竞争力的重要举措。不仅可以推动国家的技术技能发展进程，还可以帮助学生学习先进技能，提高整体素质，促进协调发展。大赛训练及比赛的过程能够培养学生多方面的能力，学生的责任心、专业知识、专业技能、抗压能力、主动性、团队建设和管理能力都得到了锻炼。学生不仅能够在实战中储备专业知识与技能，还可以提前感受入职后的状态，为顺利就业建立一个良性的缓冲阶段。不仅如此，比赛的各项规定也是严格按照行业标准制定的，如进入实验室的着装规范，正确使用设备的标准等。学生形成了作业惯性，可以更好地展现个人综合素养，获得良好的职业发展开端。学生可以因此而获得更多的隐形机会，接触更大的发展平台，享受更丰富的资源。

（二）大赛冠军视角

大赛冠军认为他们通过参赛得到了很多：学会互帮互助、忍耐、自爱、专业技能的提升、综合素质的提高、严谦的工作作风、教师的指导与信任、良好的名誉、同学的羡慕、真挚的朋友。在走出母校的时候，无论是升学还是工作都可以得到一定的加分。技能大赛经验是职业发展的垫脚石。选择直接就业的学生多数情况下也会因为大赛获奖而被优先考虑。多数大赛冠军表示：大赛给自己提供了更好的职业开端，这比优惠的物质条件更有吸引力。大赛冠军在以应届生身份就业时，可以选择留校或进入其他职业院校继续从事竞赛相关工作，目前很多学校对竞赛教师需求量较大，大赛冠军的经历使得他们成为学校招募的重点。甚至有学校在学生大一年级获得冠军之后，就与学生交流希望他毕业后可以留校，这种求职时的绝对优势在刚入学的时候就已经体现得淋漓尽致了。

（三）用人单位视角

在用人单位看来，由于在比赛期间接触并操作了最先进的设备，大赛冠军入职后可以极大缩减熟悉设备和工作环境的时间，相对于普通职校学生，大赛冠军更具优势。通过大赛的锻炼，获得并内化的能力提高了冠军们的综合素质，为后续的职业发展打下了良好的基础。在毕业之前因和真实工作环境接轨且提早接触企业文化，减少职业发展前期的缓冲时间，可以为企业创造更大的利润，有效降低了用人单位的培训成本。用人单位在大赛冠军顺利入职之后，会给予他们预设较高的期望值，这对于新员工来说是不可多得的职业发展机遇。

二、技能大赛冠军职业可持续发展存在的问题

并不是所有的大赛冠军在入职后都会一帆风顺，也存在有些冠军不能适应岗位要求的情况。调查发现在职业发展的中后期阶段，冠军的身份优势减弱，用人单位不再对其有明显的区别对待。用人单位对于员工的职业发展有着明确的标准，如个人的价值观是否与单位倡导的一致，是否能够认同并接受组织文化内容，员工能否为单位带来经济效益等。

（一）职业发展可持续能力不足

随着时间的推移，刚就业时大赛冠军经历带来的优越感和自信不再占有主导地位。此时职业发展需要更多地关注如何在公平的环境中发挥自己的优势，职业发展进入瓶颈期。造成瓶颈期的有外部原因和内部原因。外部原因主要体现在与单位相关的因素上，比如单位的管理风格、单位的晋升渠道、单位规模、企业文化等。内部原因主要体现在要实现职位变更，需要具备与目标职位相匹配的眼界、能力、格局、知识储备。另外，多数冠军将"管理岗位"确定为自己的职业发展方向或规划目标。由于技能大赛冠军更擅长实际操作，入职后大多从事技能方面的工作，技能型出身的大赛冠军若要精通组织管理，成功实现转岗，并不容易，整个过程需付出较大的机会成本。这些要求具有一定的挑战性。此外，单位在新进员工的培训成本、时间成本上耗费较大，转岗对于单位发展来说并非高性价比事件，所以转岗的条件设置也相对较高。

（二）职业发展相关素养训练不足

职业技能竞赛竞技内容通常情况下都是既定的工具及程序，这对于多维度的管理能力没有过多的要求。在访谈过程中一位指导教师提到，如果愿意吃苦训练，每个班大概有三分之一的学生都可以取得比较理想的成绩，关键点在于是否愿意努力和付出。这表明竞赛对于参赛者的能力要求相对单一，对日后关系到职业发展的关键素养提升并未形成全覆盖。比如创新能力，不仅仅指解题思路的创新，还指在突发状况下能及时做出最机智的反和处理方式。根据墨菲定律，既然会出错的事情总会出错，那么就不要纠结为什么事情会发生，应将注意力更多地放在如何解决问题和避免问题再次发生上。这种理解更接近于解决问题的能力。组织管理能力是职业发展顺利的基础，无论在哪个岗位上工作，想要向中心权力靠拢都必须具备较强的组管理能力。但是在技能大赛的培养过程中，侧重点更多地集中在技术技能的训练上，对于除此之外的各项能力则是以伴随培养的方式显现，对于比赛中不涉及的能力几乎不会给予更多的关注。

（三）知识储备和视野格局有待突破

从用人单位的角度来看，岗位晋升需要有相应的知识储备以及视野格局。不同的工作岗位，其能力要求是不同的，在现实工作环境中要懂得并善于换位思考，经常将自己设置在目标职位的角色中，才能设身处地弄明白自己与目标岗位要求的差距。比如了解市场产品的需求就比做出一个既定产品的难度要大得多，这不仅需要投入足够的专业能力，还需要掌握恰当的方法和准确的定位。眼光短浅容易将自己画地为牢，过于专注自己而忽略与周围环境的互动，无法从中汲取自己所需要的营养，造成只缘身在此山中而不识此山全貌的困境。

三、对策建议

可以从三个维度促进技能人才职业可持续发展：重视职业素养培育、优化职业技能竞赛设计、技能竞赛与晋升挂钩。

（一）重视职业素养培育

《中国教育现代化 2035》描绘了我国教育现代化的宏伟蓝图，提出了"八个更加"，对全面实施素质教育提出新的要求。职业素养，是新时代职业院校学生成为职业劳动者所必需的重要基础，是职业生涯发展成功的关键性基础因素。让青年学生具备良好的职业素养，具有重大意义。职业素养教育应当贯穿学生职业生涯发展的全过程。

1. 将职业素养培育纳入教学体系

针对各级职业学校而言，对学生进行职业素养的培养，需要从整体的教学体系入手，明确将职业素养培育纳入教学任务的范畴。将职业素养培育列入人才培养计划。各职业学校建立职业培育长效机制，通过课堂教学和课后测评，让职业素养培养贯穿于整个职业教育培养体系中，做到专业学习和素养提升齐头并进，促进个体获得技能和素养的双重进步。将职业素养培育纳入专业教学计划。教师在理论课程的讲授中，有意识地融入良好职业道德、职业价值观和职业态度方面的内容。在实践环节，教师应创设一定的职业情境来锻炼学生的职业素养，强化学生职业素养意识。将职业素养培育落实到具体的课程体系与课堂教学中。在各学校设立专门的职业素养课程非常重要，教师对学生就职业道德、职业理想、职业行为习惯等一系列素养进行教授，给学生以直观的讲解和启发，引导学生将职业素养内化为个人的精神品质。

2. 将职业素养培育融入企业文化

优质的企业文化是企业长久生存的价值源泉，是企业群体意识、群体行为规范的风向标，更是企业上下共同的价值追求。将职业核心素养融入企业精神文化，通过口号标语、团建活动、日常熏陶等方式，将良好的职业理想信念、职业价值观、职业行为习惯和职业责任意识等融入企业的日常建设中，将良好的职业素养转化为企业精神文化的重要组成部分，每位职工内化于心，外化于行，建设从管理到执行阶层上下贯通的集体职业素养。对于新入职的员工，注重入职培训中职业素养和企业精神文化的培育；对于已入职的员工，定期、规模化的在职培训同样重要。企业可以与合作职业院校、普通高校进行专家和教师的互通，采取讲座、座谈会或研讨会等丰富的形式开展交流活动。

（二）优化职业技能竞赛设计

1. 完善学习内容体系，提升理论素养

高素质技术技能人才是在理论知识和实践知识的融合中摸爬滚打成长起来的。如果理论知识准备不足，或者已有的学习内容无法满足学习者的学习需要，都将严重影响学习者的学习成效和发展后劲。在技能大赛冠军后备人员培养过程中，要完善学习内容体系，不仅注重从行业企业邀请大师、工匠等参与学校技术技能人才培养，更要注重学生专业理论知识和扎实熟练的实践操作知识，夯实人才成长、创新和发展的基础。通过改变技能竞赛规则，在比赛核心技术的基础上增加管理能力的元素的方式，提高人才理论素养要求。

2. 多维度提升创新能力

有一定的自主权才能促进创新能力的发挥，但目前的赛程设置不利于参赛者发挥创造能力。以全国职业院校大赛为例，从项目申请到比赛，准备时间只有几个月，参赛选手的最优选择是按照指导教师的设计与安排进行反复的练习，自由发挥的空间有限。建议将竞赛项目申报提前3～5年进行，每个竞赛项目连续出现3年以上，这样的竞赛项目具有较好的延续性，可以有充足时间和空间缓解赛前焦虑，有利于参赛选手发挥自己的创造能力，从而获取自主破题与解题的机会。不仅如此，竞赛内容的科学规划是创新能力提升的又一渠道，增加创新成分的比重有助于提升参赛选手的创新能力。

（三）技能竞赛与晋升挂钩

1. 技能竞赛成绩转换加薪积分

用人单位可以利用薪资待遇的动态涨幅来激励员工自发要求实现技能提升，动态涨幅可以通过积分转换制度实现。职业技能竞赛经历及成绩则是积分转换制度的高性价比首选。在现实情况允许的情况下，实行积分制可以打破僵化的晋升机制弊端。这里提到的积分制是指通过建立明确的积分指标，以完成指标的质量为积分基础，在规定的时间段内进行积分汇总后调整人员的岗位变动，变动依据

则为参与职业技能竞赛的经历与成绩，或者完成任务的质量与效率等多种因素的集合。如参与不同等级的职业技能竞赛，根据等级的高低积分，成绩高低进行二次积分，一个周期后根据每个人的积分情况排序，凡是有积分增加的员工可以实现相应比例薪资待遇的提升。

2. 竞赛经历加码多向多轨晋升

用人单位可以通过激励员工参与职业技能竞赛来开拓多样性的晋升空间，认定员工参赛经历与成绩，给予员工多种晋升可能。单一向上的晋升拓展为螺旋多向的晋升，单轨专项的晋升拓宽为可变轨或多轨并行的晋升。转变职业晋升理念，不拘泥于单一向上的职位变动发展方式，其核心是更接近中心权力。原有的单向单道晋升可以拓宽为多向多轨并行，如技术通道、管理通道或双轨交叉并行，员工可以根据自身的具体情况，选择其一或在不同的阶段更换晋升方向，这样不仅有利于拥有不同特长的员工发挥各自的能力，同时也能够实现员工晋升渠道的分流，为员工提供更大的发挥空间。

3. 为竞赛选手提供"技能导师"平台

用人单位对员工的再教育和职业技能培训是员工技能提升的重要途径。用人单位可以发挥参赛选手的优势，通过认定参赛选手为"技能导师"的方式，更好地发挥参赛选手作用，同时实现其他员工的技能提升，强化组织内部培训体系。充分发挥参赛选手的"余热"，一方面可以提升员工参赛热情，从而再次实现自己的技能提升；另一方面，通过实现参赛选手技能传授的"再利用"，以职位晋升等其他方式反馈给这些技能导师，可以降低用人单位自身的培训成本。

第七章　美国德雷塞尔大学合作教育校企合作机制

大学生就业是一个全球性的问题，世界各国的高等教育机构都在采取各种措施来提高大学生的就业能力。为了解决中国的结构性失业问题，中国政府实施了一项政策，鼓励地方本科院校向"应用技术大学"转型，出台发展职业教育本科的相关政策等。加强校企合作是转型的一个重要方面。除了强调应用技术外，转型更要努力解决毕业生面临的失业问题。实习为加强校企合作提供了一条切实可行的途径。当学生毕业后走向职业生涯时，实习可以提升学生的体验式学习。世界上越来越多的大学正在通过工学结合模式来弥合课程和就业市场之间的差距。学生通过实习获得实践工作经历，这为学生在完成学位后走上工作岗位提供了经验。工学结合模式对学生和当地经济都有好处。在不断增长的经济体中，越来越需要在应用技术领域使大学与就业市场保持一致。

一、工学结合模式

为了在大学和地方产业之间建立一个强有力的联系，高等教育越来越重视本科生的实践经验。基于体验式学习理论，工学结合模式提供了从理论学习到教学实践，再到在实际工作环境中应用的过渡。文献中工学结合模式有多个定义。这些定义中有一些是从理论的角度来理解工学结合模式。Groenewald 提供了一个将理论应用于实践的定义。这一定义将作为本研究的基础，他认为工学结合模式是一种结构化的策略，将课堂学习与在与学生实践工作经验相结合，这种实践是在与学生职业目标相关的领域进行。课堂学习与实践经验的结合连接了学生的隐性知识和显性知识。这种隐性知识是学生所熟知的、容易获得的知识。显性知识是学生在学术环境中学到的知识。工学结合模式为学生提供了将两种类型知识结合的空间，实习是工学结合模式的一种类型。Abeysekera将实习定义为任何在具体指导下，学生有明确学习目标，并通过实践经验反思所学内容的过程。实习的目的是让学生在进一步学习专业的同时了解组织结构。在此项目中，学生不仅能够综合利用隐性知识和显性知识，还处于一种超出所学专业的学习环境中。例如，在工程公司工作的工程专业学生会接触到在大学里没有学到的财务知识。

为确保实习质量符合社会经济需求（特别是在华中等工业区），大学应制定一个实习匹配计划。匹配计划的作用是将学生匹配到与其特定的学习领域和适当的技能水平相适合的岗位。该匹配计划还应延伸到在实习期间对学生持续的监控。向学生提供广泛的背景知识，让他们了解实习的要求，有助于缓解从课堂到工作场所过渡产生的紧张。为确保顺利过渡，有学者建议实习单位举行一次有学术导师参加的实习动员大会。会议为学生提供法律和其他后勤事务的必要信息，学术导师的出席可以加强学校和实习单位之间的关系，同时提供了一个讨论双方期望的论坛。另外，实习计划必须不断评估，以确保质量。还有学者主张在工学结合模式期间动态评估，但特定的评估可能无法反映绩效全貌。还有就是结合"动机式访谈"，通过与主管的对话对学习者进行形成性评估。作为学习过程的一部分，学生也应该进行批判性反思。学生通过反思日志反思自己的学习经历，根据自己的学习目标进行自我评估，同时确定成长的领域。最后，强有力的工学结合模式对产业界和当地社区都有益处。实习通过低成本的熟练劳动力，减轻了员工搜索的压力，提高了国家生产力。许多国家的高等教育系统都将实习作为解决毕业生失业问题的手段，我国也将实习作为大多数地方本科院校人才培养计划的重要组成部分。工学结合模式被广泛认为对学生、企业和高等学校都有益，被财富500强企业视为人才培养的重要手段。实习培养学生解决问题的能力、组织能力和对职场文化的理解能力，使他们受益匪浅。实习通过降低招聘成本和深化校企合作，使企业受益。实习也提高了高校的声誉，有助于吸引更高水平的学生。

二、合作教育的运作模式

Co-op 是 cooperative education 的简写形式，我们称为"合作教育"，它是将课堂理论教学与阶段性的实践经验有机结合的一种教育形式。通过合作教育，学生在理论学习和全职工作之间进行转换，获取所学领域的实践知识。在德雷塞尔大学建校之初，Anthony J. Drexel 设想将该所大学建成满足高速发展的社会需求的独特大学。德雷塞尔大学的合作教育项目是美国最古老、规模最大和最受推崇的项目。1919 年德雷塞尔大学的商学院和法学院就开始了对合作教育治学方式的探索。合作教育为学生提供了职业化的全职工作经验，让学生有机会在毕业工作之前就有机会获取全职工作的经验。

从大学二年级到四年级，学生每年都有半年时间参加合作教育。参加合作教育的学生从事和所学专业相关的工作，完成合作教育获得相应的学分，该学分是学生成绩单的一部分。学生们在工作场所被赋予了日常运作至关重要的项目，大部分的合作教育都是有偿的，学生可以获得薪酬。无薪酬的合作教育岗位，也能为学生提供与世界顶级公司、初创企业和更多非营利组织互动的宝贵经验。据学校的统计数据显示，学生在岗 6 个月工资的平均薪酬为 20000 美元以上。许多本科课程的组成部分包括在外国工作实习一段时间。项目的 1603 家企业遍布全美和世界各地。46.1% 的毕业生都在合作教育岗位上接受企业全职工作邀请，89%的毕业生都在从事与本专业相关的工作，学生毕业一年后平均年薪为 64774 美元，该校参加合作教育的学生就业率为 98.69%。

学生入学的第一年全职在校学习。从第二年开始，根据教学计划和学生个人意愿，学生在学校认可的合作教育企业工作 6 个月的时间。德雷塞尔大学的校历根据季节，一年分为春、夏、秋、冬四个学期。学生合作教育的时间取决于学生的选择，学生可以选择秋冬季节或者春夏季节。选择秋冬季节的学生，秋季学期和冬季学期将会参加合作教育，选择春夏季节的学生将在春季学期和夏季学期连续参加合作教育。学生在大学一年级的时候就要选择好合作教育的时间。学生毕业需要达到合作教育要求。德雷塞尔大学的合作教育模式有以下三种。

四年一次合作教育：这种模式下，大一新生入学可以在夏季学期休假，上三个学期的课。大二学生全年四个学期上课,大三学生进行一次六个月的合作教育,上两个学期课程。大四的时候,学生上三个学期课程,夏季毕业,如表7-1所示。

五年三次合作教育:这种模式下,学生需要在校五年才能毕业。五年内,学生从大二开始,连续三年每年一次六个月的合作教育,第五年毕业,如表7-2所示。

四年无合作教育:这种模式下,不要求学生参与合作教育。学生每年上三个学期课程,夏季休假,四年正常毕业。

表7-1　四年一次合作教育

年级	秋季	冬季	春季	夏季
一年级	上课	上课	上课	假期
二年级	上课	上课	上课	上课
三年级	合作教育	合作教育	上课	上课
四年级	上课	上课	上课	毕业

表7-2　五年三次合作教育

年级	秋季	冬季	春季	夏季
一年级	上课	上课	上课	假期
二年级	合作教育	合作教育	上课	上课
三年级	合作教育	合作教育	上课	上课
四年级	合作教育	合作教育	上课	上课
五年级	上课	上课	上课	毕业

三、合作教育高质量的合作企业

合作教育项目使得德雷塞尔大学与企业之间建立了良好的联系,1600多个商业、工业、政府和其他机构与德雷塞尔大学进行合作,为学生提供与专业相关的工作机会,帮助学生获得实践经验,学生也可以选择科研合作教育开展研究。学生毕业时将拥有高达18个月的工作时间。96.9%的德雷塞尔大学毕业生在毕业后成功就业或继续深造。与德雷塞尔大学合作教育的公司包括波音公司、谷歌、摩根大通公司、美国国家广播环球公司、费城水利署、费城儿童医院等。选择继续深造的学生就读的学校包括哈佛大学、杜克大学、乔治城大学、约翰霍普金斯大学、斯坦福大学和麻省理工学院。大费城地区是德雷塞尔大学合作教育的主阵地，该地区拥有一个在范围、规模和专业上独具优势的企业群体。一些国家顶尖的生物技术和制药公司、医院和医疗中心、财富500强公司和个人独资企业都落户费城。许多公司非常看中德雷塞尔大学学生所拥有的创新精神、进取心和奉献精神。表7-3显示了2021德雷塞尔大学学生开展合作教育的地理分布情况。

表7-3　2021年德雷塞尔大学参加合作教育学生地理位置分布情况

合作教育地点	学生数量
美国宾夕法尼亚州	3882
美国新泽西州	490
美国特拉华州	119
美国纽约州	160
美国马萨诸塞州	41
美国马里兰州	51
美国加利福尼亚州	81
美国其他州	782
其他国家	21

四、合作教育的特点

德雷塞尔大学合作教育拥有很多优势，如为企业提供了源源不断的创新技能专业人才。六个月的弹性工作时间循环，上半年和下半年都有学生参与合作教育，可以使企业所需要的人才全年不断线。德雷塞尔大学非常看重企业对合作教育学生的评价，把企业评价作为学生学位要求的一部分，学生在企业的表现一贯非常出色。在合作教育进行过程中，学生需要联系课堂所学的知识，对工作中遇到的实际情况进行反思，从而更好地开展工作。多数企业对合作教育学生的综合评价为良好或者优秀。在学生进行合作教育期间，德雷塞尔大学仍然被看作是全职学生，受到德雷塞尔大学的管理。

（一）管理方式集中高效

德雷塞尔大学采取集中管理的形式，该校的斯泰因布莱特职业发展中心（The Steinbright Career Development Center, SCDC）是专职负责合作社运营的行政部门，集中德雷塞尔大学资源为学生的职业发展以及合作教育提供服务。其职业服务专业团队致力于帮助学生构建成功的职业规划，提升专业技能。合作教育工作人员由合作教育教师、合作教育协调以及和企业关系协调员组成。合作教育教师为学生授课，培养职业规划和求职技能，为合作教育做准备。合作社协调员负责学生与企业岗位的匹配工作，确保学生从合作教育体验中受益，在教育进展过程中，时刻与企业和学生保持联系。企业关系协调员的主要职责是不断拓展企业和行业网络，为用人单位和学生提供便利，这是新的合作教育岗位的起点，由于不同的用人单位需要不同专业的学生，用人单位直接与各个二级学院对接来获取不同专业的学生非常烦琐。在集中管理模式下，用人单位只需要和 SCDC 对接，由该团队协助企业配对学生、应届毕业生和校友，每个学生都被分配了一名合作教育协调员。学生在申请合作教育职位之前必须与他们的协调员见面，协调员在一对一的帮助学生评估合作教育岗位和职业目标，制定求职策略，与企业进行有效沟通，熟悉合作教育政策。通过合作教育项目和庞大的校友资源，将学生与全球不断增长的企业和行业网络联系起来。SCDC 为学生提供职业咨询、研讨会、招聘会和简历评审等非常有价值的资源。

（二）在线匹配系统精准对接

职业发展中心在线匹配系统是专为合作教育学生设计的。为了获得在线匹配系统的招聘信息，学生需要与指定的合作协调员会面，学生制作的简历需要通过审核批准才能进入在线匹配系统，获得系统的招聘信息。在学校计划的时间周期内，学生将简历挂在系统里与工作岗位进行匹配，在线完成岗位匹配，岗位必须与学生专业相关，对于企业、学生、合作协调员，这都是一个高效便捷的流程。有 1600 多家企业向德雷塞尔大学提供合作教育岗位，岗位被导入线上数据库。岗位配对和排序根据以下因素进行评估：工作职责和适合性、地点和通勤、办公环境、对未来职业目标的影响、财务状况。不允许学生与在 SCDC 网站发布职位的企业取得联系或私自协商工资，所有岗位匹配和排序的问题都应请教合作教育协调员。每个专业都有对应的合作教育岗位。如果学生收到了面试通知，他必须在一个月内完成所有校内或校外的面试。没有及时参加面试将导致学生不能继续使用职业发展中心提供的资源，不能参加在线求职。面试结束后，学生可以在网站上看到自己是否获得了该职位，可以选择接受或拒绝。匹配一共有三轮，如果学生在第一轮中没有找到合适的职位，他仍然可以在第二轮和第三轮中在线提交申请。

（三）课程设置合理实用

SCDC 为参加合作教育的学生提供了专业化的课程，为学生讲授如何成功开展合作教育以及求职技能和方法。编号 COOP 101 课程是一门为期 10 周的非学分课程，只有及格和不及格两档成绩，每周上一次课。它旨在为学生的合作教育体验做好准备，培养整个职业生涯中所需要的职业规划和求职技能。学生学习完成 COOP 101 是参加合作教育的必要条件。课程涵盖的主题包括确定职业目标、简历撰写、有效的求职策略、面试技巧、当代职场问题和职业沟通。合作教育摘要课是 COOP 101 的另一个版本，授课对象为有着丰富工作经验的学生。由于这些学生进入德雷塞尔大学时具备了 COOP 101 的许多基础知识，只需要通过摘要课程帮助学生完成过渡。讲授要点涵盖开始新的职业生涯、创建有针对性的简历，以及在面试中利用以前的经验。学生至少提前 3 个学期完成 COOP 101 课程，才能正常参加合作教育。由于假期与授课时间的冲突，对于五年制并且选择在春夏季学期参加合作教育的学生要提前四个学期完成课程。

（四）监控过程确保质量

合作教育的每一个步骤都有质量保证。在进行第一次合作教育之前，学生必须注册并完成一系列必修模块，了解 SCDC 提供的服务和相关政策。指定的合作教育协调员与学生进行一对一沟通，帮助学生了解合作教育求职过程以及职业发展中心政策，审查学生简历。第一次合作教育完成后，合作教育协调员为学生组织小组讨论，鼓励学生反思，建立同伴网络，为后续（第二次或第三次）的合作教育做准备。完成所有合作教育后，学生需要在小组会议上讨论收获情况。

SCDC 还为学生提供职业发展服务,帮助学生做好毕业后的规划。在合作教育最后一个月,学生通过在线系统填写合作教育总结,获得合作教育学分。在企业要求查看学生反馈以改进合作教育项目的情况下,可以匿名分享数据给企业。学生未能完成合作教育总结将不能参加后续合作教育项目,不能获得相关学分,不能达到毕业要求。

学生参加合作教育,需要以下前提条件:重视合作教育;学习完成 COOP 101 或 COOP 001 等合作教育前置课程;参加 SCDC 的注册会议;参加 SDDC 的在线求职;在预定的合作教育开始之前的两个学期内累积 24 个学分;具有良好的学术地位,向着顺利毕业的方向前进。学生具有足够的学术基础是指学习通过了绝大多数的课程,达到规定的学分要求。如表 7-4 和表 7-5 所示,学生必须每学年累积特定数量的学分才能正常晋升。

表 7-4　五年三次合作教育计划

年级	学分要求
第一学年	0～39.5
第二学年	40～70
第三学年	70.5～96
第四学年	96.5～129.5
第五学年	130～999

表 7-5　四年一次合作教育计划

年级	学分要求
第一学年	0～39.5
第二学年	40～96
第三学年	96.5～129.5
第四学年	130～999

如果学生课程没有学完或者不及格,他们就没有资格参加合作教育。这种情况下管理中心将要求学术老师制订一个新的学术计划,明确补课时间,并计划新的合作教育周期。如果学生因学业原因没有参加合作教育,原有的合作教育计划将被取消,并在一年内为学生增加一个替代合作教育周期。如果学生未能满足合作教育资格要求或未能解决学校冻结其资格问题,合作周期将被推迟。在学生面临合作教育周期推迟的风险时,合作教育协调老师会通知学生,指导其解决问题。如果学生第二次因平均学分绩点(GPA)低或学业进展不佳被取消或者被重新安排合作教育,管理中心会要求学生与学术老师商量改变学习计划,转入四年

无合作教育的培养方案，不再参加合作教育。

五、合作教育项目的优势

学生、企业和教师之间的关系是合作教育的关键要素。德雷塞尔大学的合作项目在设计和执行该项目时充分考虑了学生和企业的需求。

（一）对学生的优势

首先，学生在合作教育的岗位须与专业相关。独立找到的工作必须经过合作协调员的审查和批准，以确保该职位与专业相关。如果学生自己寻找岗位，学生需要提交书面材料给合作教育协调员审查，确保工作与专业的相关性。提交材料包括一份全面的工作描述和企业的录用信，明确工资信息、每周工作时间、合作教育的起始日期和结束日期。合作教育协调员审查通过，确保岗位和企业恰当才能登记。其次，大多数职位都是有报酬的。收入能力的提高可以帮助学生及时偿还在德雷塞尔大学期间产生的费用。对学生每周工作时间的要求因职位不同而有所不同。最后，在德雷塞尔大学期间，学生参与三次不同的合作教育。学生在毕业前获得了实践工作经验，这使他们更具备竞争优势。学生有机会在专业相关领域工作，在谷歌、亚马逊和强生等知名公司进行合作教育。与其他学生相比，有合作教育经验的学生在毕业时更有竞争力，他们也具备进入顶尖学校继续深造研究生教育所需的实践基础。合作教育带给学生来自一线的专业知识和专业技能，在进入职业生涯以后，学生会被聘用在工资水平更高的岗位。

（二）对企业的优势

参与合作教育的企业的优势：无限的有创新意识和技能的专业人员储备；合作教育六个月周期，为企业提供灵活的日程安排选择；提前发现本地区最有潜力的求职者。灵活的六个月周期确保学校全年都能向企业提供学生参与合作教育。在此期间，学生需遵循企业制定的工作时间表，全职工作直至本次合作教育结束。如果学生需要缺席合作教育岗位，或者需要提前结束合作教育，他们必须提前通知并获得学校及企业的批准。企业对学生在合作教育期间的表现进行评估是学生毕业的前置要求。学生只有完成所学专业合作教育学分才能毕业。不同专业对合作教育学分要求为32～96学分。完成合作教育并获得企业评价才能获得合作教育学分。接纳学生的企业、合作教育学分与学术成绩学分都会显示在学生的成绩单上，完成合作教育的要求是毕业的必要条件，这也是德雷塞尔大学的学生在合作教育中一贯表现良好的根本原因。许多实习学生只做一般任务，合作教育的学生则在大公司操作实际任务并履行职责，这些学生还将接受正式的工作评估。通过合作教育，学生获得了企业需要的技能，如批判性思维、团队解决问题能力和沟通交流能力。学习了如何与难缠的客户打交道，如何在日期截止之前完成任务，以及如何应对不可避免的意外和挑战。合作教育的学生获得了宝贵的经验，培养了职业道德。在参与合作的企业中，大多数企业会考虑全职雇用合作教育学生，认为学生的整体表现良好或优秀。

六、对职业院校实习工作的启示

为了保证实习质量，职业教育应当建立管理系统，如建立实习质量标准和稳定的实习基地。通过培训校内实习指导老师和企业实习指导老师确保人力资源质量，并充分考虑企业的需求。

（一）建立实习质量标准体系

职业院校应当划出专门的经费支持实习工作，设计实习管理体系和质量标准。质量标准应当涵盖实习前的准备工作、实习过程中的指导工作及实习过程中的质量要求。实习过程管理分为三个阶段。实习开始前应当做好以下工作：制定科学合理、目标明确、切实可行的实习计划；标准化填写实习任务要求；组建科学合理实习队伍；联系高质量的企业提供实习机会；准备内容丰富实用、能切实为教师和学生发挥指导和通告作用的实习手册。在实习动员会上，要总结以往学生的实习情况，让学生明确实习的组织结构和管理方式，实习任务和实习目标。邀请企业实习指导老师来给学生作报告。在实习开始以后，学校组织课程教育专家到学生实习的现场进行指导，检查学生实习进展情况，现场解决发现的问题。

实习结束以后，根据企反馈、学生实习汇报、实习报告等对学生做出全面的评价。

（二）建立稳定的实习基地

建立稳定的实习基地并非易事，这意味着更多的人力资本和经济资本的投入来建立学校和企业之间的联系。但是努力一定会有回报。学校出面建立稳定的实习基地可以极大地降低学生独立寻找实习单位的风险，而且也能够提升学校作为一个负责任的大学的形象。实习基地的质量直接影响到学生的实习质量。为确保实习基地质量，职业院校应当建立学生实习基地建设和管理制度、明确的实习基地建设步骤、实习基地选择标准，以及在实习过程中学校和企业分别应承担的责任等。还要明确企业申请成为实习基地的程序，与实习基地签署协议，明确各方的权利义务。制度中还应明确实习检查和实习评价的实施步骤。只有事先充分考虑各方的利益和权利义务，这样的合作才能产生多赢的效果。

（三）培训实习指导教师

职业院校不仅要培训校内的实习指导教师，还要培训来自企业的实习指导教师。培训分阶段、分组进行。培训的目的是促使校企合作关系更紧密、更顺畅，同时提升企业实习教师的专业素质。在实习指导教师如何充分履行指导职责上，要通过培训达成一致，提升教师的指导能力，达到全面指导实习生日常管理工作的要求，高效率提升学生实习质量。实习指导教师应当有意识地主动参加学生的实习动员会，聆听实习讲座和课堂讲座，主动参加讨论和评价活动。有意识地总结、记录并完成实习评价表格，及时发现并总结实习中的问题。帮助实习生制定符合要求的实习计划，有针对性地指导学生个性化的问题，做好指导记录，整个实习过程对学生宽严并济，为学生做好榜样。培训涵盖多个方面，目的是让接受培训的学员了解最新的教育动态，提高教学水平，帮助他们了解如何更好地从事实习指导工作。学校要对培训过程进行监控和评价，只有达到要求才允许成为合格的实习指导教师。

（四）充分考虑企业需求

企业希望学校能够为其提供弹性的实习时间选择，确保在企业需要的时候能够有实习学生。实习时间也应该足够长,这样企业才能从中受益。将企业对实习学生的评价作为学生学位要求,督促学生将课堂理论与实际工作进行对比反思,更好促进学生的实习工作。德雷塞尔大学六个月的合作教育循环为企业提供了弹性的时间选择。合作教育的时间比通常的实习要长。由于企业评价是学生学位要求的组成部分,所以合作教育的学生一贯表现出色。德雷塞尔大学可以全年不间断地为企业提供合作教育的学生,学生在六个月的合作教育期间全职为企业工作,不是兼职,也不是暑期打工。在学生接受第一次合作教育岗位之前,学校要求学生参加职前培训,这是所有合作教育学生的必修课,并且这个课程是以企业需求为导向的,通过培训学生在企业可以更得心应手的工作。为了不给企业增加负担,德雷塞尔大学安排有合作教育协调员管理学生,学生在合作教育期间仍然由德雷塞尔大学负责管理,服从德雷塞尔大学的相关制度。

第八章 进一步加强世界技能大赛选手的培养力度

习近平总书记在致首届全国职业技能大赛的贺信中指出，职业技能竞赛为广大技能人才提供了展示精湛技能、相互切磋技艺的平台，对壮大技术工人队伍、推动经济社会发展具有积极作用。重庆高技能人才发展研究中心与重庆市的4名世界技能大赛冠军选手组成调研组，聚焦世界技能大赛选手培养过程存在的问题，进一步提高技能竞赛选手培养的科学性，奖励政策的针对性，参与主体的协同性，政策措施的系统性，持续推动技能竞赛选手培养工作落到实处，助力技能型社会建设。

近年来，我国积极实施"技能中国"行动，持续完善技能人才的培养、使用、评价、激励制度，不断完善技能人才成长和发挥作用的制度环境和社会氛围。技能竞赛是弘扬技能风尚的窗口，更是培养高技能人才的抓手。世界技能大赛是最高层级的世界性职业技能赛事，被誉为"世界技能奥林匹克"。在世界技能大赛中取得的成绩，在一定程度上反映了这个国家或地区的技能与产业发展水平。

参加世界技能大赛，事关我国的高技能人才队伍建设，是我国技能人才工作布局的重要一环，应充分发挥世界技能大赛的影响力，点燃年轻人学习技能、钻研技能的热情，以助力"技能强国"。

截至目前，重庆已培养出4位世界技能大赛冠军选手。4位冠军选手目前在重庆不同的职业院校工作，他们曾经是技能竞赛的选手，如今是技能竞赛选手的教练。

一、我国参加世界技能大赛现状

世界技能大赛是全球优秀青年技能人才一展才华的舞台，每届世界技能大赛的正式竞赛项目不尽相同，世界技能组织会根据当年竞赛的总体可用空间、各项目所需空间、各项目参赛选手人数等因素进行遴选，保证所有正式竞赛项目能够反映世界技能组织的使命和目标，能够代表全球经济对技能的需求。目前，世界技能大赛正式竞赛项目共划分为六大领域，即运输与物流、结构与建筑技术、制造与工程技术、信息与通信技术、创意艺术与时尚和社会与个人服务。

2010 年 10 月中国正式加入世界技能组织，为了做好参加世界技能大赛的组织、管理工作，人力资源和社会保障部设立了世界技能大赛中国组委会。我国先后参加了第 41、第 42、第 43、第 44、第 45 届世界技能大赛和 2022 年世界技能大赛特别赛。基于国家对技能人才工作的高度重视，尽管我国参加世界技能大赛起步较晚，中国代表团仍然取得了举世瞩目的成绩。在第 44、第 45 届世界技能大赛和 2022 年世界技能大赛特别赛中我国连续获得金牌榜第一。在 2022 年世界技能大赛特别赛多个项目上实现了金牌或奖牌零的突破，在印刷媒体技术、美容、家具制作、货运代理等项目上首次摘金，在网站设计与开发、健康与社会照护等项目上首次获得奖牌。这些奖项充分彰显了我国在高技能人才培养领域中所取得的成效。

二、技能大赛选手培养的影响因素

（一）教练和选手的个人素质

有专业素质过硬的教练团队，选手可以少走弯路。教练是曾经的参赛选手，了解选手的成长历程和心理状态，其经验和资源丰富，训练效率比较高。专家组通常都会有世界冠军加入。专家团队认真负责，同心协力，吃透大赛文件精神，按模块内容分工，认真组织每一次集训，将经验毫无保留传递给选手。美发项目专家组组长，曾在 1993 年代表中国第一个获得了亚赛金牌。光电项目专家组组长是光电项目的技术奠基人，培养的学生多次获得国家及省部级技能竞赛奖项。

选手需要具备技能方面的天分和对技能的热爱。重庆美容项目冠军对艺术感兴趣，重庆光电技术项目冠军喜欢电子设备，动手能力强。选手需要具备不达目标不罢休的韧劲儿。备战比赛的过程很枯燥，需要进行艰苦的训练，坚持下去需要动力和锲而不舍的韧性。

（二）技能训练载体

国家非常重视世界技能大赛培训基地的建设。2016 年我国开始备战第 44 届世界技能大赛，重庆人力资源和社会保障局给主基地一届拨款 500 万，辅基地一届拨款 300 万。承担基地建设任务的单位还有绩效加分。在指导老师的培养下，选手系统地学习技能，不仅能学到技术，还能获得全方位的成长。国家集训基地的选手都是国赛的佼佼者，集训队的选手之间共同交流、互相竞争，这样积极向上的氛围会促进选手更加刻苦的学习，共同提高。

世赛选手通过参加各种行业赛来积累经验。以美发项目为例，参加世界技能大赛之前，人社部组织选手参加亚洲发型化妆大赛，简称亚赛。亚赛创办于 1976 年，是目前亚洲规模最大、水平最高、影响力最广泛的赛事，其水准之高已经成为整个亚洲时尚界的风向标。我国派出的选手在亚赛美发项目上一直有很好的成绩。2011 年我国首次组团参加第 41 届世界技能大赛，在 46 个项目中选择数控车、数控铣、CAD 机械设计、美发、网站设计、焊接 6 个项目参赛，美发项目作为唯一的服务类项目被选中，就是因为前期在亚赛上的良好积淀。

（三）各类奖励和荣誉

对于技能大赛获奖选手，人力资源社会保障部根据《世界技能大赛参赛管理暂行办法》对选手予以奖励。地方人民政府、行业主管部门和行业协会、学会可参照国家有关奖励办法，对本地、本行业参赛选手和为参赛工作做出突出贡献的单位和个人予以表彰。人力资源社会保障部给予世界技能大赛金牌获得者 30 万元 / 人、银牌获得者 18 万元 / 人、铜牌获得者 12 万元 / 人、优胜奖获得者 5 万元 / 人的奖励，专家教练团队按照 1 ：1 配套奖励。重庆市给予世界技能大赛金牌获得者 50 万元 / 人、银牌获得者 20 万元 / 人、铜牌获得者 10 万元 / 人、优胜奖获得者 5 万元 / 人的奖励，专家教练团队按照 1 ：1 配套奖励。获奖选手由人力资源社会保障部授予"全国技术能手"称号。获得金牌的选手由相关职业资格认定机构颁发高级技师职业资格证书；获得银、铜、优胜奖牌的选手，由相关职业资格认定机构颁发技师职业资格证书。获奖选手在参加中华技能大奖评选、享受国务院政府特殊津贴人员选拔时，在同等条件下优先。集训选手由世界技能大赛中国组委会秘书处颁发荣誉证书，并在现有职业资格等级的基础上晋升一级职业资格，由相关职业资格认定机构颁发职业资格证书。对为参赛工作做出突出贡献的单位和个人，采取通报表扬和其他方式予以表彰。重庆符合条件的获奖选手按程序推荐申报"重庆市五一劳动奖章""重庆市青年岗位能手""巾帼建功标兵"等荣誉称号，优先推荐参评"重庆市劳动模范"，直接纳入"全市技术能手"培养人选。技工院校中符合条件的获奖专家教练可按规定破格申报正高、副高职称。

技能大赛获奖选手拥有良好的就业前景和发展平台。企业和事业单位都非常看重职业资格证书，是学生就业的加分项。参加重庆市技能比赛获奖者可获得技师证，参加国赛获奖者可获得高级技师证。重庆市为技能选手提供了很多的平台和发展机会，包括送技能人才出国留学，提升学历，为选手在国际竞赛推荐岗位，提供参与机会，促进选手向世赛更高的位置靠近。

三、培养技能大赛选手面临的困难

（一）宣传力度不够

第一，传统观念存在认知差别和错位。社会上重学历轻能力、重知识轻技能的现象是普遍存在的。社会舆论对技能人才有偏见，认为学技能不如普通教育有吸引力。很多家长和学生首选先读普通高中再上大学的路径，他们认为这样才是成才之路，上技工院校实际上是一种无奈的选择。从招生的情况来看，职业院校对青年人的吸引力不强。技工院校在校生75%生源是农村的，其中还有相当一部分是城乡贫困家庭的学生。第二，从政策方面看，人才的评价制度、选人用人制度、待遇政策，主要和学历挂钩。在职务晋升、职称评定、工资待遇、落户政策等方面，主要以学历作为基本的依据，相比较而言，职业院校毕业生学历偏低，晋升存在政策方面的障碍。第三，从工作的角度来看，在形成一整套促进职业院校毕业生的就业政策方面，工作力度还有欠缺。企业是用人的主体，也是技能人才培养的主体，我们在推动企业加大技能人才培养、使用、待遇政策方面落实的力度也还不够。

（二）选手选拔困难

世赛训练周期较长，平均估算世赛拿金银牌的选手要训练5~6年。不同的项目对选手年龄也有要求，如电子技术项目要求选手22周岁以下。选出一个既要有技术，又要有稳定素质的优秀选手非常困难。

（三）培养载体较少

学生从生手到熟手再到能手，需要老师来引领。技能学习不局限于课堂，学生需要在真实工作环境里观摩，通过师傅的引领，师兄师弟相互激励共同学习，开展竞争，达到共同提高的目的。技能大师工作室、工匠工坊等环境能够促进学生行为习惯的养成，提升职业素养。在这里，学生能够接触一线生产，进行技能训练，提高专业度和熟练度，通过服务社会积累工作经验，实现技术提升。从工坊和工作室走出了很多优秀的技能人才，目前一所学校只有1~2个大师工作室，工匠工坊数量也远远不能满足技能人才培养需要。教练数量不够，能力有待加强，待遇也有待提高。从师资素质角度来看，绝大多数教练都是以往的参赛选手，动手能力强，但有必要对教练开展教育教学素养培训。一些教练身份是学校的实践老师，在承担日常教学任务的同时，还要付出更多的努力训练选手。

四、发展建议

（一）加大对技能的宣传力度

改变人们的传统观念需要加大宣传，久久为功。要进一步完善技能人才的激励机制，广泛宣传获奖选手奋勇拼搏的先进事迹，大力营造劳动光荣、知识崇高、人才宝贵、创造伟大的社会氛围。实际上，国家给了技能人才很好的平台，要通过宣讲让技能选手的发展平台、发展前途广为人知，改变人们对技能人才的偏见。

近年来，重庆市围绕发挥技能竞赛引领作用，立足"竞赛金牌变技能品牌、技能品牌变行业名牌"，共打造了美容美发"渝丽人"、家政服务"渝家人"、智能制造"渝能人"以及云阳面工、巫溪绣娘等20个技能品牌，让世界技能大赛的技术走进民众，正在成为巴渝工匠在一个又一个领域贡献力量的新符号。

大众对技能人才缺乏认知，不了解职业学校和技能人才的培养过程。建议加强普通教育和职业教育的交流，开展职普融通。在普通教育开展职业启蒙和职业素养教育，在初中阶段分流时安排试学体验，让职业学校老师走进普通教育，普通教育学生走进职业学校，切身感受技能学习过程，在学生心中撒播技能的种子。

（二）建立技能人才培养载体

实施高技能领军人才培育计划，加快首席技师、特级技师等高技能领军人才选拔培养，带动技能人才队伍壮大发展。通过参与工匠工坊、技能大师工作室，参加技能比赛或者进企业实践锻炼，培养学生技能。

增加工匠工坊、大师工作室、金牌工作室等载体的数量，建立系级、校级、市级、国家级工作室，形成教师梯队和学生梯队，根据学生能力高低分配到不同级别工作室进行孵化。积极推行学生学徒、技培生培养，创新具有中国特色的双元学徒制。

比赛和培训双轮驱动。提供更多的竞赛平台，让青年学子有更多的展示技能的平台和机会,有机会从技能赛道出线。重庆市大力实施职业技能提升行动,大力培育产业技能人才,全市开展补贴性职业技能培训200多万人次,其中70%的培训对接支柱产业、33条产业链,有力推动解决结构性就业矛盾。"十四五"期间,重庆将开展政府补贴性职业技能培训150万人次,发挥补贴性培训撬动作用,年均各类市场化、社会化培训超过100万人次,为重庆战略性产业发展提供技术技能人才支撑。

构建产教融合共同体,吸引生态企业、院校共同参与,推进构建产教融合共同体。通过整合政企校资源,推动形成以产业龙头企业真实岗位标准为引领、以院校招生和培养能力为基础、以人才评价为纽带的产教融合共同体,实现技能人才人力资本投资、人力资源使用、社会政策多方面社会价值。瞄准战略性产业集群,建立从招生、培训、评价、就业到技能提升的人才精准供应链,促进产业链与人才链相互赋能,打通技能人才培养"最后一公里",解决"产业缺青年,青年缺就业"的结构性矛盾。

(三)加强师资队伍建设

职业院校需要科学定位,加快培育支撑产业发展的教师队伍。要建立职业教育教师专业发展支撑体系,以培训促发展,在培训中谋发展。通过培训等方式,帮助大批教师实现"双师"发展,提升技能型社会需要的新能力,深化校企共训"双师"。

校企双方共同参与建设企业实践流动站、教师发展中心、"双师型"名师(名匠)工作室,为教师提供"双师"专业发展平台,聘请产业导师、大国工匠、技术骨干等专家对教师进行指导,以提高教师技术能力。通过举办教师职业能力大赛、加强校企合作融通等方式,为老师积累实践经验提供平台。坚持以赛促训、以赛促教、以赛促学、以赛促建,对标国际技能赛事竞赛标准,促进世赛成果开发和应用,加快形成接轨世界先进水平、具有地方特色的教师培训和技能人才培养模式。

加强国内外交流学习。澳大利亚行业规范非常严格,要求人人持证,从事技能工作必须有 Tafe 学院职业认证才能上岗。Tafe 学院采取灵活的小班教学模式，一个班 20 人，学习时间和毕业时间都很灵活。以任务书的形式来学习，不同技能级别完成特定的任务就可以毕业。每个任务教学老师、经理、顾客、教学主管都要签字才算完成。

第九章 重庆市职业教育与制造业匹配情况

一、重庆市制造业发展状况分析

（一）重庆市制造业总体发展状况

重庆市是我国中西部第一大工业城市，全市工业门类齐全，拥有全部31个制造业大类行业。目前是全国最大汽车生产基地之一、全球最大笔记本电脑生产基地、第二大手机生产基地。据重庆统计局2021年数据显示：全部工业增加值近7000亿元，全市规模以上工业产值超过2万亿元；微型计算机、手机、汽车、摩托车产量占全国比重分别超过24%、9%、6%、29%；建成国内最大己二酸、氨纶生产基地；全市千亿以上企业1家、百亿以上企业20家（独立法人），规模以上工业企业数量超过6800家；237家世界500强工业企业在渝布局，工业领域利用外资连续10年保持在40亿美元以上。陆海互济、四向拓展、综合立体的国际大通道网络加快形成，构建起"2+10+36"产业园区体系。"智造重镇""智慧名城"加快建设，"芯屏器核网"补链成群，数字经济增加值占地区生产总值比重超过25%；规模以上工业战略性新兴产业、高技术产业占规模以上工业产值比重分别提高至32%、28%，新兴产业快速壮大；传统产业改造升级步伐加快，累计建成67个智能工厂和359个数字化车间，技术改造投资年均增长15.6%，规模以上工业企业全员劳动生产率达37.1万元/人。

随着改革开放步伐的不断加快和科学技术的不断进步，作为国家中心城市和中西部地区唯一直辖市,重庆市制造业迎来了发展新机遇。第一,在国内大循环中,重庆市具有辐射中西部广阔市场的优势,西部地区加快工业化、城市化进程,也为重庆市制造业高质量发展提供了广阔市场空间。重庆市已构建起国内、国际双循环的西部陆海新通道、中欧班列(成渝)等国际物流大通道。区域全面经济伙伴关系协定(RCEP)的签订为重庆市制造业企业更好对接国际国内两个市场、两种资源,更好融入国际、国内经济发展循环提供了难得的历史机遇。第二,成渝地区双城经济圈建设为重庆市制造业高质量发展带来政策机遇,两地迎来最佳的政策"窗口期"。国家赋予的政策机遇,将有力促进两地共同培育电子信息、汽车、装备制造、材料、特色消费品等具有国际竞争力的先进制造业集群,共建全国重要的先进制造业基地。区域内各类生产要素资源能合理流动、高效聚集、优化配置,促进两地产业链协同、产业政策协同、公共平台协同。第三,大数据智能化的率先实践为重庆市制造业高质量发展带来新机遇。通过持续推进大数据智能化发展,数字产业化、产业数字化进程不断加快,重庆市更有效地契合了智能化发展趋势,智能制造水平全国领先,"芯屏器核网"加快补链成群,在新一代信息技术赋能制造业发展上走在了全国前列。

(二)"6+5"现代产业体系发展状况

通过梳理重庆市制造业的发展状况和发展机遇可知,未来重庆市制造业的发展方向是智能化、新兴技术主导下的制造产业链,《重庆市制造业高质量发展"十四五"规划(2021—2025年)》明确了未来重庆市制造业重点发展的是"6+5"现代产业体系,即六大战略性新兴产业:新一代信息技术、新能源和智能网联汽车、高端装备、新材料、生物技术、绿色环保。五个支柱产业:电子、汽车摩托车、装备制造、消费品、原材料。

1. 战略性新兴产业集群

2020年,重庆市战略性新兴产业产值占工业总产值比重达到28%,数字经济增加值占地区生产总值比重达到25%左右。根据《重庆市国民经济和社会发展统计公报》数据显示,2018—2020年,重庆市规模以上工业战略性新兴制造业增加值年均增长12.7%,其中,新一代信息技术产业、生物产业、新材料产业和高端装备制造产业增加值年均增速分别为18.5%、7.5%、11.2%和10.1%。

重庆市战略性新兴产业集群集聚发展，主要从以下几点入手：一是补链延链强链，推动产业集约集聚发展。重庆市围绕着产业链关键环节，着力补链、延链、强链，通过吸引培育一批引领型的"链主"企业、一级配套企业、上游原料企业，加快形成上下游配套生产体系，提升产业链核心竞争力和全产业链掌控能力。比如，半导体方面，重庆市一手培育引进一批集成电路设计龙头企业，丰富产品品类，一手增加应用场景，即培育物联网（工业互联网）芯片、激光器芯片、探测器芯片等专用芯片及相关器件，从而大幅增强其半导体的"自主可控"能力和市场竞争力。二是推动新兴产业与传统产业之间、战略性新兴产业各领域之间深度融合，构建全域产业发展生态系统。比如，新能源汽车与信息通信、能源、交通深度融合；整车企业与半导体企业、软件企业深化合作；推动互联网、5G、区块链、物联网、大数据、人工智能等新一代信息技术，与制造业全要素、全产业链、全价值链融合发展。三是围绕产业链布局创新链，培育长板，补齐短板，提高六大新兴产业链现代化水平。四是发展园区经济。产业园区能够有效地创造聚集力，通过共享资源，带动关联产业的发展，从而有效地推动产业集群的形成。

2. 制造支柱产业

重庆市制造业五大支柱产业为电子、汽车摩托车、装备制造、消费品、原材料。其中前三者是重庆市制造业的重点支柱产业，2020年以来，三大产业均保持15%以上的增长率，对规模以上工业增加值增长贡献率合计达到60%。重庆是全国最大的汽车、摩托车制造基地、仪器仪表基地，形成了以长安系为龙头、十多家整车企业为骨干、近千家零部件企业为支撑的"1+10+1000"产业集群，全国每8台汽车就有1台为重庆市制造。汽车工业在重庆GDP的贡献构成中，处于举足轻重的地位。新能源汽车产业已有较好基础，智能网联汽车发展处于国内先进水平。2021年汽摩产业实现"整车+零部件"双提升，全市生产汽车199.8万辆，比亚迪动力电池二期等项目建成，博世庆铃氢燃料电池发动机等项目开工，长安UNI-K、福特野马Mach-E等新车型上市，汽车产业增加值增长12.6%。

重庆市电子产业形成全球最大电脑产业集群"品牌+代工+配套"的

"5+6+800"产业体系，五大品牌为惠普、宏碁、东芝、华硕、富士通，六大代工企业为广达、英业达、富士康、仁宝、纬创、和硕，以及860余家零部件企业，已建成了全球最大的笔记本电脑生产基地，实现全球每3台笔记本电脑就有1台为重庆制造。重庆市电子产业已构建完整产业链，90%以上种类的零部件均可在渝采购，企业向海外主要采购中央处理器（CPU）、内存、硬盘。2021年，电子产业增加值增长17.3%。计算机年产量首次突破1亿台，华润微电子12英寸功率半导体晶圆生产线、京东方第6代柔性显示面板产线正式投产，康宁显示玻璃基板前段熔炉等项目落地。重庆市制造业的高质量发展除了政策的支持和产业基础雄厚之外，优越的职业教育是助力其快速发展的重要支撑。在重庆市制造业快速发展阶段，技能性人才的空缺是制约行业发展的主要因素。因此，职业教育为重庆市制造业持续提供着人才输入，填补了重庆市制造业快速发展过程中产生的大量技能岗位。而随着重庆市制造业的持续发展，其对职业教育的人才培养又提出了新的要求和应用场景，进而促进了职业教育体系的不断优化发展，所以重庆市制造业和职业教育之间是相辅相成、互相促进、共同发展的关系。

二、重庆市制造业对职业教育的人才需求

通过对"6+5"现代产业体系进行梳理定位其大数据抓取的关键词，共获取企业招聘信息55000余条，大数据抓取时间周期为2020年1月到2022年8月。通过大数据分析将企业招聘信息进行系统整合与归类，"6+5"现代产业体系较为紧缺的人才岗位需求中，新出现了数据分析员、智能生产排程员、生产周期管理员、首件产品调试员等岗位。在大数据分析及职业教育相关研究的基础上，归纳出职业教育与重庆市制造业人才需求的几点差异。

（一）人才培养定位不精准，职业院校相关专业设置不齐全

职业教育人才培养需要以产业需求为导向，推动形成紧密对接产业链、创新链的专业体系，优先发展先进制造、新能源、新材料、生物技术、人工智能等产业需要的一批新兴专业。加快建设护理、康养、托育、家政等一批人才紧缺的专业。改造升级冶金、医药、建材、轻纺等领域的一批传统专业。撤并淘汰供给

过剩、就业率低、职业岗位消失的专业。随着制造行业的发展，相关职业岗位能力要求进一步升级。学校的人才培养目标定位与企业的真实需求有一定差距。由于缺乏发布企业需求信息的共享平台，职业院校人才培养目标途径和方法不一致，调研主体多为本校专业教师，缺乏企业的对接，导致学校专业人才培养定位与企业需求存在一定偏差。关键装备与系统集成企业的主要岗位，中高职相关专业在类型和层次上基本能满足相关岗位要求，但是一些新兴岗位在职业学校没有对应专业，如企业的大数据和MES生产与管控的生产排程员（生产节拍安排）、生产数据分析员（MES管理软件反馈数据流）、全生命周期管理员等岗位。

（二）职业院校人才培养课程体系设置不能满足复合型人才需求

由于制造行业新技术清晰度不够，职业院校智能制造专业开设的专业核心课程"拼盘式"较多，没有真正从企业岗位所需能力出发，产业需要的全生命周期管理、生产节拍、自动生产线互联、MES、大数据分析及智能物流等新技术课程开设较少，对于跨专业核心能力所需的专项课程目前开设很少，专业课程体系难以满足新岗位专业综合能力需求。

（三）教学条件保障不足，无法有效培养学生的综合实践能力

制造行业依靠新技术和新生产方式，对从业人员的复合型、可迁移性能力要求提高。但由于制造机械类专业实训设备成本高，职业院校资金保障和设备保障跟不上，配套的仿真软件影响实训教学有效开展。另外，职业院校教师缺乏企业生产实践经历，校企复合型跨界专兼职师资队伍不足，无法有效培养学生的综合实践能力，满足不了企业对复合型跨界人才的质量要求。

三、重庆市制造业对职业教育配套的需求与矛盾

（一）政策需求与矛盾

自1996年《职业教育法》出台以来，我国陆陆续续颁布了很多职业教育相关的法律和政策，内容不断充实，制度不断健全。重庆市近年来也制定了一些促进职业教育发展的政策，如重庆市人民政府办公厅《关于深化产教融合的实施意

见》；重庆市人民政府办公厅《关于2023年上半年全市职业学校办学条件达标工作推进情况的通报》；重庆市人民政府办公厅印发《关于打造市域产教联合体深化现代职业教育改革实施方案的通知》。政策颁布以后在落实的过程中存在短板，政策推动作用还需要进一步加大。以校企合作为例，企业作为营利性组织，重视利润。输送毫无实践经验的学生到企业参与学习，学生的实习与用人单位的实际需求脱节，让企业感到校企合作增加了负担，如何通过政策有效调动企业的积极性是需要思考的问题。

（二）技术需求与矛盾

随着社会经济发展和产业转型升级，许多工作岗位的技术技能和职业素养要求发生重大变化，呈现综合化、智能化、信息化、高端化等趋势。如"机器换人"工程，推进制造业生产方式由"制造"向"智造"升级，企业工人不再是简单的、熟练的手工操作，而是需要复杂的智能化的管理和操作，需要团队协作和解决综合问题的能力。即使是普通的机械制造专业，也需要自动化专机设计与改造、自动化工夹具设计、自动化设备调试维护等新的技能。而从整体上看职业教育发展的技术是滞后于产业发展的技术需求，因此所培养的学生无论是职业素养还是能力结构都不能很好地满足岗位工作需求。制造业的技术特点有两点：一是采用先进制造模式，制造模式是制造业为提高产品质量、市场竞争力、生产规模和速度，以完成特定生产任务而采取的一种有效的生产方式和生产组织形式。二是广泛应用先进制造技术，信息技术与其他先进制造技术相融合，驾驭生产过程中的物质流、能量流和信息流，实现制造过程的系统化、集成化和信息化。职业教育的发展要能根据行业发展的需要进行技术更新与迭代，以便让学生在入职后能够更好地满足岗位发展需要。

（三）场地需求与矛盾

由于重庆市职教城得天独厚的优势和浓烈的职教氛围，加上对发展职业教育实施了各项优惠政策，宣传到位，社会各界纷纷申请到职教基地办学。但现有职教基地总面积规划仍然不能满足实际需求，学校发展面临急需用地和土地供应指标不足的矛盾。另外，土地征用成本和教育用地出让价格之间存在一定差距，补贴费用高，建设融资渠道单一，公共基础设施建设进程不够快，跟不上学校加速发展的要求。部分学校办学规模小，师资力量薄弱，教学设备简陋。职业教育的需求主要有以下几点：第一，需要"校中厂"型生产性实训基地。即生产性实训基地，通过学校自筹资金注册成立校办企业，以学校专业教师为技术依托，实体性运行企业生产、管理校办工厂生产某种产品，或者承担部分生产服务，或者承揽企业某种产品的一个或几个生产环节的加工任务。实现完全真实的企业环境，从设备配置、现场环境、组织机构、管理运作等方面都与企业接轨，实行独立经营核算，企业化管理，利用实训基地设备和师资为企业生产配套零件。第二，独立建设的实训基地，通过与企业合作，在企业建立生产性实训基地。学校可以通过投入部分设备与企业组成完整的生产线，利用企业的生产岗位开展生产性实训。第三，需要面积充裕的校园内部环境和理论教学场地。职业教育的发展壮大直接体现在每年招生规模的持续增加，因此职业教育院校需要与学生人数相匹配的教学场所，以满足日常教学和生活需要。

（四）配套资金需求与矛盾

随着重庆市制造业的不断发展，职业教育应当发挥其中流砥柱的作用，而事实上，职业教育的发展正在落后于制造产业的发展，其主要原因是各种配套服务支撑力度不足。我国职业教育投入主体过窄，高职院校主要经费来源渠道单一，主要依赖学费收入和地方政府拨款。高职院校基本没有多渠道的财政投入，在师资、实验实训条件、实习基地、课程设置、教材建设等方面都存在困难，资金来源单一、缺口较大。而制造业需要的是技术技能型人才，强调通过实践性教学培养人才，资金来源不足制约着职业教育的发展。因此，应当加大职业教育投入力度，大力推动职业教育快速发展进而完善产教融合、校企合作，共同推动重庆市制造业的高质量发展。

四、重庆市职业教育发展建议

（一）把握创新技术，做产业发展领头羊

职业教育要把握创新技术，要在某些领域实现领先水平。随着新版《职业教育专业目录》发布，对接现代产业体系，动态优化专业布局。聚焦芯片制造、

集成电路、高端数控机床、海洋工程、国防军工等先进制造关键领域技术问题，紧盯"卡脖子"技术"最后一公里"，推进技术技能人才培养和校企协同技术攻关。另外，加大资金投入力度，创新教学资金管理办法。由于多年来投入不足，职业学校普遍存在校舍、设施、设备等硬条件严重滞后的问题。在当前投入严重不足的情况下，政府更要加大经费支持力度。一要确保政府预算内设置的职业教育项目要足额到位，30%教育费附加用于职业教育，要把对职业教育的投入作为考核政府业绩的硬指标。二要设立和增加专项资金，县级职教中心建设、农村劳动力转移培训、农民技术培训、下岗职工培训等应专项列支，纳入公共财政预算。三要多渠道筹措职业学校办学经费，通过激励政策，引导企业、社会各界进行融资。可以借鉴某些地方采取的多元筹资举措，"向上级争取一点，地方财政挤出一点，向社会融资一点"。

（二）职业教育资源与重大产业匹配建议

生物医药：重庆医药高等专科学校以药品生产技术、药品质量与安全、药品经营与管理专业为基础，与重庆医药集团对接，重点培养药品制造环节所需要的药品生产、质检人员，以及药品流通环节所需要的药品销售人员。

绿色石化：重庆化工职业学院以应用化工技术、精细化工技术专业为基础，与中国石化重庆川维化工有限公司对接，重点培养在化学工业方面从事化工生产操作与控制、精细化学品配制及配方优化、分离精制、品质控制工作的生产操作人员。

新能源：重庆电力高等专科学校动力工程学院，以新能源装备技术专业为基础，与华电新能源集团股份有限公司重庆分公司、国能重庆风电开发有限公司对接，重点培养能够从事新能源产品的工艺设计、装配、吊装、调试，新能源电场的运行与管理，设备维护与检修等工作的技术技能人才。具备新能源装备车间制造与调试以及新能源装备现场安装与调试、维护与检修、故障分析与排除等能力。

生物医学工程：重庆医药高等专科学校智能医疗装备技术、医疗器械经营与服务专业加强与重庆市医疗器械产业园内的相关企业合作，在共建国家级生产性实训基地、"医疗设备工程技术中心"实践教学基地的基础上，共同培养具备医疗器械采购验收、安装调试、质量管理等能力，能够从事医疗器械采购和销售、市场分析和营销、质量安全管理等工作的高素质技术技能人才。

汽车及零部件：重庆电子工程职业学院智能制造与汽车学院，以汽车制造与试验技术专业为基础，与重庆长安汽车股份有限公司深度合作，重点培养在汽车制造和售后服务领域从事汽车研发试验、汽车生产技术支持、汽车检测、汽车装调、汽车生产管理、汽车生产质量管理、汽车售前售后等工作人员；以新能源汽车技术专业为基础，在渝北区与重庆长安新能源汽车有限公司对接，在江北区与重庆长安新能源汽车科技有限公司对接，重点培养新能源汽车整车及关键零部件装调、质量检验、性能检测、生产现场管理和新能源汽车维修岗位人员。在此过程中，重庆电子工程职业学院长安汽车大学智能制造工程学院，加强与重庆长安汽车股份有限公司的合作，以机电设备技术专业和汽车制造与试验技术专业为基础，在"长安订单班"基础上结合长安汽车先进的制造装备和技术等资源，邀请国家级、省市级技能大师工作室参与带徒传技和人才培养，加快构建校内基本技能实训和企业生产车间顶岗实践相结合的技能提升训练平台。

重庆交通职业学院智能制造与汽车学院，以汽车制造与试验技术专业为基础，与重庆长安汽车股份有限公司、东风汽车商用车股份有限公司深入合作，重点培养面向汽车整车制造公司、汽车零部件制造公司、汽车4S店等从事汽车整车性能检测员，零部件生产企业产品检测技术员，汽车售后服务单位技术顾问，汽车检测与修理单位维修技师人员；以新能源汽车技术专业为基础，在渝北区与重庆长安新能源汽车有限公司对接，在江北区与重庆长安新能源汽车科技有限公司对接，重点培养新能源汽车整车及其关键零部件装调、质量检验、性能检测、生产现场管理和新能源汽车维修岗位人员。重庆交通职业学院智能制造学院，以机电一体化专业为基础，与华域大陆汽车制动系统（重庆）有限公司深入合作，重点培养面向汽车零部件制造企业从事机电一体化设备操作、安装调试、维护维修、质量检验等工作人员。

重庆工贸职业技术学院车辆工程学院，以汽车制造与试验技术专业为基础，与重庆长安跨越商用车有限公司深度合作，重点培养面向汽车整车及零部件制造、汽车售后服务及汽车维修检测、汽车研发等从事汽车零部件总成加工制造，汽车装配、调整，汽车质量检验、检测，生产设备维修，汽车整车及汽车零部件性能测试岗位人员；以汽车检测与维修技术专业为基础，与上汽通用五菱汽车股份有限公司（重庆分公司）加强合作，重点培养面向汽车运输与维修、品牌 4S 店、美容装潢等企业从事汽车检验与检测、机电维修、钣金涂装、美容装潢工作人员。

重庆信息技术职业学院汽车工程学院，以汽车制造与试验技术专业为基础，与重庆长安汽车（集团）有限责任公司、北汽银翔汽车有限公司加强合作，重点培养面向汽车制造业及汽车修理与维护行业从事汽车整车调试、汽车装配、汽车零部件加工、产品检验和质量管理、汽车故障返修、汽车机电维修、汽车营销服务顾问等岗位人员；以机械设计与制造专业为基础，重点培养汽车零部件及机械产品质量检测等工作人员。

重庆工程职业技术学院智能制造与交通学院，以汽车检测与维修技术专业为基础，与重庆潍柴发动机有限公司深入合作，重点培养汽车整车及零部件制造企业从事汽车整车的装配制造和调试、汽车零件产品制造和质检人员；以汽车电子技术专业为基础，与浙江吉利汽车有限公司（重庆分公司）深入合作，重点培养从事汽车电子产品试验和系统调试、汽车电气及电控装置的安装维护以及故障诊断与维修、汽车整车和电子器件的制造与装配等工作人员；以新能源汽车技术专业为基础，在渝北区与重庆长安新能源汽车有限公司对接，在江北区与重庆长安新能源汽车科技有限公司对接，重点培养新能源汽车整车及其关键零部件装调、质量检验、性能检测、生产现场管理和新能源汽车维修岗位人员。

重庆工业职业技术学院车辆工程学院，以汽车检测与维修技术专业为基础，与重庆长安汽车股份有限公司深入合作，重点培养汽车整车质量检测工程师、故障诊断工程师、服务经理、定损与评估师等岗位人员；以汽车技术服务与营销专业为基础，重点培养汽车售后技术服务顾问、二手车鉴定与评估师、汽车保险查勘与定损工程师等岗位人员；以汽车车身维修技术专业为基础，重点培养汽车修理与维护行业汽车钣金修复、车身漆面调色与喷涂、美容与改装、车身维修工具设备与材料的销售和技术服务岗位人员；以汽车制造与试验技术专业为基础，与重庆康明斯发动机有限公司继续拓宽合作渠道，重点培养汽车装配技术、整车调试、零部件加工与检测、产品检验和质量管理岗位人员。

重庆三峡职业学院汽车工程学院，以新能源汽车检测与维修技术专业为基础,在渝北区与重庆长安新能源汽车有限公司对接,在江北区与重庆长安新能源汽车科技有限公司和重庆瑞驰汽车实业有限公司对接,重点培养新能源汽车整车及其关键零部件装调、质量检验、性能检测、生产现场管理和新能源汽车维修岗位人员。

重庆市重点制造业产业园区情况见表9-1,第一批重庆市制造业产业链龙头企业名单(2020—2021年)见表9-2。

表9-1 重庆市重点制造业产业园区情况

序号	园区名称	重点产业	知名入驻企业
1	渝北空港工业园区	航空产业、汽车整车、装备制造、智能制造、现代物流、智能终端、新能源汽车及零部件等	美国科勒、德国博世、日本本田、长安汽车、传音手机等
2	沙坪坝西永微电园	智能终端、集成电路、汽车电子、互联网大数据、智能制造等	英业达、SK海力士、华润微电子、西南集成、达丰电脑、富士康、华润微电子、惠普等
3	九龙坡西彭工业园区	有色金属加工、新材料、智能和高端装备、食品加工、商贸物流等	西南铝、中铝萨帕、中信戴卡、上海通用、上海宇培等
4	九龙坡九龙工业园区	汽车、摩托车、高端装备制造、精密机械制造、新材料、现代商贸等	隆鑫、庆铃、瑞士ABB、建设雅马哈、赛力盟等
5	长寿工业园区	钢铁冶炼、装备制造、智能家居、健康科技、电子信息等	鲲量科技、永鹏科技、蛛丝科技、长芯半导体、窝居智家等
6	江北港城工业园区	电器制造、汽车零部件、新能源汽车核心零部件、高端生物医药、3D打印、信息服务、大数据、智能制造等	海尔集团、美国伟世通、中石化、武汉钢铁等
7	璧山高新区(原璧山工业园)	智能装备、信息技术、生命健康	众泰汽车、得润电子、青山工业、德国科世、意大利美达等
8	江津工业园区	装备制造、粮油食品加工、现代物流,生产性服务业、新型材料、人工智能、汽摩整车及零部件、农产品加工等	瑞士ABB集团、五矿集团、中船重工、中国兵装集团、三一重工、中粮集团、新加坡丰益国际集团、新兴际华集团、北汽集团、华电集团、中航工业、海亮集团、宁波金田铜业、江记酒庄、东风小康等
9	涪陵工业园区	有色金属加工、装备制造、化纤纺织、临港加工贸易、光电新材料、现代物流、天然气及氯氟化工、聚氨酯及聚酰胺、LNG等页岩气深加工等	中化涪陵化工、新涪公司、娃哈哈涪陵公司、龙桥热电、华峰化工、华峰氨纶、建峰化工、天原化工、紫光化工等
10	永川高新区(原永川工业园区)	家居建材、汽车整车及零部件、装备制造、软件产业、电子商务、电子信息、纸及纸制品等	长城汽车、庆铃汽车、德国埃斯维、中交TST、携程、中国普天、软通动力、科大讯飞、勾正数据等

表 9-2 第一批重庆市制造业产业链龙头企业名单（2020—2021 年）

序号	企业名称	所在区县	所属行业
1	重庆长安汽车股份有限公司	江北区	汽车整车制造（汽车整车）
2	长安福特汽车有限公司	两江新区	汽车整车制造（汽车整车）
3	上汽依维柯红岩商用车有限公司	两江新区	汽车整车制造（汽车整车）
4	华晨鑫源重庆汽车有限公司	涪陵区	汽车整车制造（汽车整车）
5	庆铃汽车股份有限公司	九龙坡区	汽车整车制造（汽车整车）
6	东风小康汽车有限公司重庆分公司	江津区	汽车整车制造（汽车整车）
7	重庆重型汽车集团专用汽车有限责任公司	大足区	改装汽车制造（汽车改装车）
8	重庆小康动力有限公司	长寿区	汽车用发动机制造（车用发动机）
9	重庆渝安淮海动力有限公司	沙坪坝区	汽车用发动机制造（车用发动机）
10	重庆鑫源动力制造有限公司	涪陵区	汽车用发动机制造（车用发动机）
11	重庆现代摩比斯汽车零部件有限公司	两江新区	汽车零部件及配件制造（汽车零部件）
12	重庆延锋安道拓汽车部件系统有限公司	两江新区	汽车零部件及配件制造（汽车零部件）
13	重庆小康汽车部品有限公司	江津区	汽车零部件及配件制造（汽车零部件）
14	重庆宏立至信科技发展集团股份有限公司	两江新区	汽车零部件及配件制造（汽车零部件）
15	重庆渝江压铸有限公司	两江新区	汽车零部件及配件制造（汽车零部件）
16	力帆实业（集团）股份有限公司	两江新区	摩托车制造（摩托车整车）
17	重庆宗申机车工业制造有限公司	巴南区	摩托车制造（摩托车整车）
18	隆鑫通用动力股份有限公司	九龙坡区	摩托车制造（摩托车整车）
19	重庆润通智能装备有限公司	江津区	摩托车制造（摩托车整车）
20	重庆隆鑫发动机有限公司	九龙坡区	摩托车制造（摩托车零部件）
21	重庆宗申发动机制造有限公司	巴南区	摩托车制造（摩托车零部件）
22	重庆宗申动力机械股份有限公司	巴南区	摩托车制造（摩托车零部件）
23	重庆川仪自动化股份有限公司	北碚区	通用仪器仪表制造（仪器仪表）
24	重庆横河川仪有限公司	北碚区	通用仪器仪表制造（仪器仪表）
25	重庆海尔空调器有限公司	江北区	家用电力器具制造（家电）
26	重庆泰山电缆有限公司	渝北区	电线、电缆、光缆及电工器材制造（电线电缆）
27	重庆渝丰电线电缆有限公司	江津区	电线、电缆、光缆及电工器材制造（电线电缆）
28	重庆海康威视科技有限公司	大渡口区	非专业视听设备制造（安防设备）
29	重庆惠科金扬科技有限公司	巴南区	计算机制造（显示器）

续表

序号	企业名称	所在区县	所属行业
30	重庆惠科金渝光电科技有限公司	巴南区	电子器件制造（液晶面板）
31	重庆京东方光电科技有限公司	两江新区	电子器件制造（液晶面板）
32	重庆市中光电显示技术有限公司	渝北区	电子器件制造（液晶显示模组）
33	英业达（重庆）有限公司	沙坪坝区	计算机制造（计算机整机）
34	致伸科技（重庆）有限公司	永川区	计算机制造（计算机零部件）
35	神驰机电股份有限公司	北碚区	电机制造（通机）
36	重庆宗申通用动力机械有限公司	巴南区	锅炉及原动设备制造（通机）
37	重庆润通科技有限公司	江津区	锅炉及原动设备制造（通机）
38	重庆康明斯发动机有限公司	沙坪坝区	锅炉及原动设备制造（发动机）
39	重庆三峰卡万塔环境产业有限公司	大渡口区	环保、社会公共服务及其他专用设备制造（环保设备）
40	重庆江电电力设备有限公司	江津区	输配电及控制设备制造（输配电设备）
41	奥的斯机电电梯（重庆）有限公司	两江新区	物料搬运设备制造（搬运设备）
42	重庆齿轮箱有限责任公司	江津区	轴承、齿轮和传动部件制造（齿轮箱）
43	重庆新兴齿轮有限公司	北碚区	轴承、齿轮和传动部件制造（齿轮箱）
44	重庆秋田齿轮有限责任公司	大渡口区	轴承、齿轮和传动部件制造（齿轮箱）
45	重庆华峰化工有限公司	涪陵区	基础化学原料制造（有机化学原料：己二酸等）
46	巴斯夫聚氨酯（重庆）	长寿区	基础化学原料制造（有机化学原料：MDI等）
47	重庆华峰新材料有限公司	涪陵区	基础化学原料制造（其他基础化学原料：聚氨酯等）
48	重庆民丰化工有限责任公司	潼南区	基础化学原料制造（无机盐：铬酸盐等）
49	重庆昌元化工集团有限公司	荣昌区	基础化学原料制造（无机盐：高锰酸钾等）
50	重庆市蓬威石化有限责任公司	涪陵区	合成材料制造（合成纤维）
51	攀钢集团重庆钛业有限公司	巴南区	涂料、油墨、颜料及类似产品制造（工业颜料）
52	重庆建峰工业集团有限公司	涪陵区	肥料制造（化肥）
53	西南药业股份有限公司	沙坪坝区	化学药品制剂制造（化学药）
54	太极集团重庆涪陵制药厂有限公司	涪陵区	中成药生产（中成药）
55	太极集团重庆桐君阁药厂有限公司	南岸区	中成药生产（中成药）
56	重庆希尔安药业有限公司	合川区	中成药生产（中成药）
57	重庆旗能电铝有限公司	綦江区	常用有色金属冶炼（电解铝）
58	重庆市南川区先锋氧化铝有限公司	南川区	常用有色金属冶炼（氧化铝）

续表

序号	企业名称	所在区县	所属行业
59	重庆天泰铝业有限公司	九龙坡区	常用有色金属冶炼(氧化铝)
60	重庆万达薄板有限公司	涪陵区	钢压延加工(钢材)
61	东方希望重庆水泥有限公司	丰都县	水泥、石灰和石膏制造(水泥)
62	重庆大朗冶金新材料有限公司	涪陵区	铁合金冶炼(铁合金)
63	西南铝业(集团)有限责任公司	九龙坡区	有色金属压延加工(铝材)
64	中铝西南铝板带有限公司	九龙坡区	有色金属压延加工(铝材)
65	康师傅(重庆)方便食品有限公司	两江新区	方便食品制造(方便食品)
66	重庆啤酒股份有限公司	两江新区	酒的制造(啤酒)
67	重庆江记酒庄有限公司	江津区	酒的制造(白酒)
68	重庆登康口腔护理用品股份有限公司	江北区	日用化学产品制造(日用品)
69	重庆市天友乳业股份有限公司	渝北区	乳制品制造(乳制品)
70	红蜻蜓(重庆)植物油脂有限公司	九龙坡区	食用植物油加工(食用油)
71	云阳金田塑业有限公司	云阳县	塑料制品业(塑料)
72	重庆恒都食品开发有限公司	丰都县	屠宰及肉类加工(肉制品)
73	玖龙纸业(重庆)有限公司	江津区	造纸(造纸)
74	重庆理文卫生用纸制造有限公司	永川区	纸制品制造(纸制品)
75	重庆百亚卫生用品股份有限公司	巴南区	纸制品制造(纸制品)

参考文献

[1] 霍丽娟.技能型社会建设的内涵特征、测度模型及路径优化研究[J].中国职业技术教育,2023(13):68-77.

[2] 王星.走向技能社会:国家技能形成体系与技术技能人才技能形成[M].北京:中国工人出版社,2021.

[3] 王晓娜.我国技能型社会建设的维度、挑战及路径[J].中国职业技术教育,2023(10):54-61.

[4] 郑立群,和震,陈尔建.技能型社会建设背景下职业教育制度供给的现实困境与路径优化[J].中国职业技术教育,2023(13):51-58.

[5] 曾天山.扎实推动职业教育高质量发展[J].红旗文稿,2022(17):41-44.

[6] 中共中央国务院.新时期技术技能人才队伍建设改革方案[Z].2017-06-19.

[7] 中华人民共和国教育部.中国职业教育发展报告（2012—2022年）[M].北京:高等教育出版社,2023.

[8] 中共中央办公厅,国务院办公厅.关于提高技术工人待遇的意见[Z].2018-03-22.

[9] 人力资源和社会保障部.关于提高技术工人待遇的意见[Z].2018-04-20.

[10] 国务院办公厅.职业技能提升行动方案（2019—2021年）[Z].2019-05-18.

[11] 曾天山.职业本科教育发展之道[M].北京:北京理工大学出版社,2022.

[12] 陈春花,朱丽,刘超,等.协同共生论:组织进化与实践创新[M].北京:机械工业出版社,2021.

[13] 林恩·马古利斯.生物共生的行星[M].易凡,译.上海:上海科学技术出版社,2009.

[14] 斐迪南·滕尼斯.共同体与社会[M].林荣远,译.北京:商务印书馆,1999.

[15] Adler E, Barnett M. Security Communities [M].Cambridge: Cambridge University

Press, 1998.

[16] 张元宝. 地方高校产教融合的困境与出路——共生理论视域下问题的探讨 [J]. 中国高校科技, 2021(10):82-86.

[17] 杨丽波. 职业教育社会伙伴关系研究 [D]. 上海：华东师范大学, 2012.

[18] 贾旻, 王迎春. "政校行企社"职教命运共同体的涵义、机理与构建策略 [J]. 职教论坛, 2020(4):6-12.

[19] 图加林诺夫. 马克思主义中的价值论 [M]. 齐友, 王霁, 安启念, 译. 北京：中国人民大学出版社, 1968.

[20] 黄日强, 张霞. 论职业教育与企业的相互参与 [J]. 职业技术教育, 2004(16):17-20.

[21] 马克思, 恩格斯. 马克思恩格斯全集 [M]. 北京：人民出版社, 1956.

[22] 陈春花, 朱丽. 协同：数字化时代组织效率的本质 [M]. 北京：机械工业出版社, 2021.

[23] 杨丽波. 高等职业教育与产业对话机制的构建 [J]. 职教通讯, 2021(7):58-63.

[24] 顾明远. 教育大辞典（增订合编本）[M]. 上海：上海教育出版社, 1999.

[25] 王军红, 周志刚. 论职业教育质量的内涵及表达 [J]. 天津大学学报(社会科学版), 2013,15(5):449-452.

[26] 张奕, 朱泽东. 技能型社会建设背景下职业教育高质量发展审思 [J]. 职业技术教育, 2022,43(16):34-39.

[27] 高弘杰. 国家发展改革委举行专题新闻发布会介绍推进实施职业教育产教融合赋能提升行动有关情况 [J]. 中国产经, 2023(11):28-35.

[28] 张志新, 贾亦然. 中高职学生顶岗实习权益保护现状与对策——以H省P市为例 [J]. 中国职业技术教育, 2019(34):85-91.

[29] 刘晓. 从"学历社会"走向"技能社会"新工业革命下的产业工人技能匹配与提升策略 [M]. 杭州：浙江大学出版社, 2022.

附录一

重庆市人民政府关于加快推进全市产业园区高质量发展的意见

各区县（自治县）人民政府，市政府各部门，有关单位：

产业园区（指两江新区、高新区、经开区、综合保税区等开发区中以发展工业和信息化为主的产业集聚区和市级特色工业园区，以下统称园区）是新型工业化和新型城镇化协同发展的主战场，是推动制造业高质量发展的主阵地。为加快推动全市园区高质量发展，建设国家重要先进制造业中心，现提出如下意见。

一、指导思想

以习近平新时代中国特色社会主义思想为指导，全面贯彻落实党的十九大和十九届二中、三中、四中、五中全会精神，深入贯彻落实习近平总书记对重庆提出的系列重要指示要求，准确把握新发展阶段，完整、准确、全面贯彻新发展理念，服务和融入新发展格局，坚持创新、集群、智能、绿色、融合发展方向，立足新型工业化与新型城镇化协同发展，着力发挥园区在培育特色产业、增加城镇就业等方面的支撑带动作用，进一步优化产业布局、完善公共服务体系、提升产业承载功能，加快把全市园区打造成为先进制造集聚区、创新驱动引领区、开放发展先行区、产城景融合示范区，为加快建设国家重要先进制造业中心奠定坚实基础。

二、发展目标

到2025年，基本形成特色引领、创新驱动、智慧赋能、绿色发展的园区高质量发展新格局。

（一）经济支撑持续扩大。全市园区规模工业产值年均增长6.5%以上、占全市规模工业产值比重提高到86%以上，战略性新兴产业占比提高到37%以上。

（二）特色发展成效显著。市、区县（自治县，以下简称区县）共建10个市级重点关键产业园，累计创建18个国家新型工业化产业示范基地，特色产业产值占比提高到60%以上。

（三）创新活力不断增强。园区规模工业企业研发投入强度2.2%以上，有研发机构、研发活动的企业占比分别提高到55%、70%以上，基本构建服务体系完备的园区创新生态体系。

（四）智慧赋能水平提升。智慧园区管理服务系统全面建成，两化融合发展指数总体水平达到65，重点园区和企业5G网络全覆盖，建成50个智能工厂和500个数字化车间。

（五）绿色发展本底夯实。园区规模以上工业企业单位增加值能耗、水耗较"十三五"末分别下降16%、20%，大宗工业固废综合利用率保持在70%以上，建成绿色园区30个。

三、主要任务

（一）打造特色园区。坚持产业兴园、特色立园，以"一区两群"产业协同发展为纽带，充分发挥各自比较优势，着力优化园区产业布局，精准定位2—3个细分领域的重点产业和产品，作为园区特色发展主攻方向，力争通过3—5年的持续发展，培育形成新的经济增长点和骨干支柱产业。大力实施产业基础再造和产业链供应链现代化水平提升工程，聚焦33条重点产业链基础领域和关键环节，布局一批极具鲜明特色、支撑地位突出、带动作用强大的市级重点关键产业园，市、区县联动促进相关产业实现突破性发展。支持特色产业集聚发展较好的园区创建市级特色产业基地、国家新型工业化产业示范基地和国家先进制造产业集群、战略性新兴产业集群。

（二）提升创新发展水平。持续推动各类产业创新资源和要素向园区集聚，围绕特色产业集群发展，推进产学研合作，组建一批产业技术创新联盟，培育一批制造业创新中心、技术创新中心、产业创新中心、工程研究中心、工业设计中心、重点实验室、工程实验室等研发机构。加大对园区中小企业技术创新和专业化发展支持力度，构建重点突出和梯度完善的链式培育体系，加快培育一批科技型企业。支持园区企业围绕关键共性技术，协同开展技术研发、新产品开发及成果转化、推广应用，加快推进商业运营模式创新、制造业服务化转型。进一步营造园区创新发展良好氛围,支持园区研发机构和企业常态化、专业化、应用化、协同化开展产业技术创新活动。

(三)智慧赋能园区发展。加快推进新型智慧园区建设,全面建成功能集成完善、运行调度有力、管理精准到位、企业服务高效的管理服务平台,加快推进园区数字化转型发展。加快园区新型基础设施建设,推动新一代信息技术与制造业融合应用发展,打造一批融合创新应用场景。推进工业互联网创新发展,支持企业"上云上平台",加快培育一批综合型、行业型、专业型、特色型工业互联网平台,优先支持面向重点行业和重点园区建设工业互联网平台,引导行业龙头企业加快业务系统云化改造,并向产业链上下游延伸,带动产业链上下游中小企业业务系统向云端迁移,持续完善园区智慧赋能生态体系。加快推动园区制造业企业数字化改造,加快建设一批数字化车间和智能工厂。

(四)拓展开放发展空间。进一步发挥中欧班列(成渝)、西部陆海新通道、长江水道、空港等优势,积极承接外部产业转移,促进产业链供应链开放发展。以战略性新兴产业、先进制造业和技术服务业梯度转移为重点,进一步完善承接外商投资的信息交流、金融服务、风险防范、海外渠道拓展等服务体系,推进国际产能合作。组建专业招商团队,分产业链制定招商计划,滚动实施招商项目"签约一批、建设一批、投产一批"推进计划。拓展招商区域,紧盯京津冀、长三角、粤港澳大湾区等重点区域产业布局调整,进一步用好用活东西协作、三峡对口支援等渠道,持续引进一批优质项目。以成渝地区双城经济圈产业合作园区以及毗邻地区合作共建功能平台为重点,支持两地园区在产业布局、招商引资、平台建设、人才交流等方面开展交流合作。

(五)健全公共服务体系。立足为园区小微企业—中型企业—大型企业—上市企业提供全生命周期服务,加快建设完善社会化的中小企业公共服务体系,配套完善文化、教育、卫生、休闲、娱乐等功能,打造一批生产集约、生活宜居的中小企业生态家园。支持有条件的园区立足主导产业发展,探索采取市场化方式,引进发展技术研发、工业设计、检验检测、成果中试、展销推广、物流配送等专业服务,完善园区公共服务平台功能。以主城都市区为重点,集中规划建设一批功能完善、特色鲜明的众创空间、孵化器、加速器等孵化园,完善技术创新、科技金融、知识产权、成果转化等公共服务体系，引导科技型中小企业、创新创业人才、技术创新成果入园孵化。

（六）完善综合承载功能。坚持产城景融合发展，实现以产兴城、以城促产、产城联动，加快将园区打造成为宜居宜业的现代产业新城。统筹做好园区生产、生活、生态布局，高水平建设完善道路、供水、供气、排水、通信等公共基础设施和污水集中处理、金属表面处理、工业固废处置等环保基础设施，以及职工住房、医疗卫生、文化教育等生活服务设施。深入推进以人为核心的新型城镇化，按照职住平衡原则，在园区集中统一规划建设好宿舍型保障性租赁住房。提升园区与园区之间、园区与重要物流节点之间国省干道的通达性，推动铁路专用线进入园区，进一步优化园区物流运营组织，完善多式联运服务体系。

（七）坚持绿色安全发展。全面落实碳达峰碳中和要求，加快培育绿色产业集群，构建完善产业链耦合共生、资源能源高效利用的绿色低碳循环产业体系，推动绿色技术创新成果在园区转化。鼓励入园企业运用先进生产技术、装备和工艺，实施节能节水、清洁生产和资源综合利用改造，培育一批绿色技术创新企业。将绿色发展理念贯穿园区建设发展各个环节，实现布局集约化、结构绿色化、链接生态化，打造一批具有示范作用的绿色园区和碳中和示范园区。全面落实园区安全生产、生态环境保护监督管理体系，严格执行安全环保管控政策，加强环境风险防控和安全风险评价，完善应急、消防、环保基础设施。加大安全、环保第三方专业服务推广力度，持续提升园区安全、环保专业化管理水平。

四、政策措施

（一）加大财政支持力度。国家和市政府认可的园区四至范围内，工业和仓储物流用地的出让金在扣除国家和我市按规定计提的规费后，区县留成部分优先安排用于园区基础设施建设；经确认后的工业项目生产性用房及仓储、检验检测、自用车库等配套用房，减按国家和我市规定计提的专项资金征收城市基础设施配套费（中心城区一档区域每平方米68.6元，二档区域每平方米37元，中心城区以外的由各区县根据当地经济社会发展水平自行确定），免缴防空地下室易地建设费。市级工业和信息化专项资金对建设成效较好的市级重点关键产业园、成渝地区双城经济圈产业合作示范园区和"一区两群"产业转移承接示范园区给予支持；对在园区内新建的技术创新、工业互联网、智慧园区、中小企业等公共服务平台，可对其设备投入（包括项目开发、系统集成、信息网络、硬件建设）予以一定补助。

（二）加强园区融资服务。支持收入持续稳定、信用等级较高的园区平台公司开展园区债发行试点、发行资产证券化产品，支持符合条件的园区基础设施项目发行新增政府专项债。发挥战略性新兴产业股权投资基金等政府投资基金的撬动作用，支持有条件的园区设立股权投资基金，参与成长性能好、科技含量高、投资回报优的工业项目建设，配套完善尽职免责和容错纠错机制。积极搭建政银企融资对接平台，积极探索设立园区企业融资风险分担资金池，建立园区信贷风险共担机制，大力发展产业链金融、供应链金融、融资租赁等，简化中小企业贷款审批手续并给予风险分担。

（三）加强园区用地保障。将园区建设用地纳入各级国土空间规划，统筹安排新增和存量用地，建立招商引资重点项目用地"蓄水池"。推行弹性年期出让、长期租赁、租让结合、先租后让等方式供应工业用地。对固定资产投资额超过5亿元及以上的制造业投资项目，园区可在3—5年内就近预留一定空间的工业用地。园区内鼓励类产业且用地集约的工业项目，在确定土地出让底价时可按不低于所在地土地等别相对应最低价标准的70%执行，新出让标准厂房用地的出让底价可按市场评估价的70%确定。加快完善新型产业用地（M0）管理政策，支持生产性服务业高质量发展。加快工业项目标准地出让改革，完善指标体系，力争到2025年全市园区全面推行新增工业项目标准地出让。各区县要按"分类处置、一地一策"原则，全面清理处置园区内批而未供和闲置土地，对闲置土地要依法收取土地闲置费或收回土地使用权，确保批而未供和闲置土地动态减少。定期开展园区节约集约用地评价，从建设用地开发强度、土地投资强度和综合效益等方面提高土地利用效率。

（四）支持园区实体运营。支持园区以国有建设用地使用权作价出资或者入股的方式，与社会资本共同投资建设标准厂房、产业孵化园以及污水集中处理、集中表面处理、集中供气供热等园区配套设施项目。支持园区平台公司对老旧工业集聚区进行改造升级和整体开发，依法收储处置低效、闲置工业用地和"僵尸企业"土地、房屋等资产并进行再次开发。鼓励园区加快建设基于园区固定资产管理和企业服务产品数字化的智慧园区管理服务平台,开发运营园区数字化资产。对符合条件的闲置和低效利用的厂房、仓储等非居住存量房屋,允许改建为保障性租赁住房,用作保障性租赁住房期间,不变更土地使用性质,不补缴土地价款。

五、组织实施

(一)切实加强组织领导。建立由市政府分管副市长为召集人、市政府有关部门负责人参加的全市产业园区发展联席会议制度,定期通报分析园区建设发展情况,研究解决事关发展全局的重大事项,制定实施园区高质量发展的政策措施。联席会议办公室设在市经济信息委,负责联席会议的日常工作。各区县要统筹推进园区规划建设、产业布局、特色发展、招商引资等各项工作,集中资源、整合力量,加快推进园区高质量发展。

(二)完善园区管理体制。各区县要按照国家和市委、市政府相关要求规范设置园区管理机构,合理划分园区管理机构和园区平台公司的职能职责。合理明确园区和属地的社会管理事务与经济发展职责,园区规划建设范围内的社会管理、公共服务、市场监管,原则上由各区县、乡镇(街道)按照职责实行分级管理,各区县有关行政主管部门在园区依法设立的派出机构,原则上应接受园区管理机构的监督管理。

(三)强化人力资源支撑。全面落实各项人才政策,加快培养园区产业发展急需紧缺的科技创新、专业技术、经营管理人才,帮助园区企业引进集聚高层次、领军型、创新型人才,为企业持续提供人力资源保障。加强园区管理队伍建设,发挥园区作为干部成长的平台作用,加大园区管理干部横向纵向交流力度,支持以市场化薪酬引入职业经理人对园区平台公司进行专业化管理。

(四)加强园区发展评价。建立完善全市园区统计体系和高质量发展评价体系,加强对园区经济运行调度,定期对园区质量效益、创新发展、特色发展、开放发展、集约发展、智能发展、绿色发展等高质量发展成效进行分析评价,并注重评价结果在区县经济社会发展实绩年度考核、园区空间范围拓展等环节的运用,营造园区发展比、学、赶、超氛围。

(五)优化园区营商环境。加大简政放权力度,将能够下放的经济管理权限依照法定程序下放给具备承接条件的园区。探索建立园区行政审批清单,做到"清单之外无审批"。全面落实区域整体评价便利措施,加快实施告知承诺等措施,扩大一站式办理实施范围,对于具有公共属性的审批事项,探索由园区内企业分别申报调整为以园区为单位进行整体申报。

本意见自发布之日起 30 日后施行,《重庆市人民政府关于加快提升工业园区发展水平的意见》(渝府发〔2014〕25 号)同时废止。本意见政策措施与市级其他政策内容重复或者类同的,按照有利于企业、就高不重复原则执行。国家出台新政策措施的,遵照执行。

重庆市人民政府
2021 年 9 月 30 日

附录二

重庆市教育委员会关于做好 2022 年高等职业院校专业调整工作的通知

各高等职业院校：

根据《普通高等学校高等职业教育（专科）专业设置管理办法》（教职成〔2015〕10 号），结合《中共重庆市委教育工作委员会重庆市教育委员会关于印发重庆市深化普通高等学校专业设置改革实施意见的通知》（渝教工委〔2017〕101 号）、《重庆市职业教育"十四五"专业建设工作方案》等文件精神和要求，现就做好 2022 年高等职业院校专业调整工作有关事宜通知如下。

一、数量要求

原则上新建高等职业院校（5 年内）本年度设置新专业不超过 5 个，其他高等职业院校本年度设置新专业不超过 3 个；应当参加 2022—2023 学年新专业合格评估而未参加的，根据未参加评估数量对应减少今年新专业申报数量。如有撤销专业的，每撤销 1 个原设专业，可新增设 1 个专业，因撤销而新增设专业不得超过 2 个，撤销专业需说明原因。若撤销专业为近三年新设专业的，不增加新设专业数量。

二、工作要求

（一）充分论证，科学严谨做好专业设置。各高等职业院校应严格按照教育部规定的专业设置条件与要求、专业设置程序等规定，在申报新专业前，在具备设置新专业规定的基本条件基础上，充分结合区域经济发展、社会以及市场的人才需求，立足学校实际和发展规划，深入论证拟新设专业的必要性、可行性和科学性，避免盲目、重复开设新专业，并根据需求确定招生规模、制定培养方案。

（二）统筹设计，及时优化调整专业布局。各高等职业院校应严格参照《2022 年重庆市高等职业院校新专业设置指南》（见附件），统筹产业行业发展和学校新旧专业，及时对专业进行优化调整，鼓励设置急需紧缺专业以及符合我市战略性新兴制造业、战略性新兴服务业、现代特色效益农业等发展需求，填补产业需求空白的相关专业，打造紧密对接产业链、创新链的职业教育专业体系。

（三）加强管理，健全机制规范专业建设。市教委将对市场趋于（已经）饱和、专业布点较为集中（过于重复）的专业进行预警严控，对不适宜专科层次大规模开设和社会需求量较小的专业进行限制。各高等职业院校要健全专业建设质量保障体系，加强对专业建设运行过程的管理和监督，严格按照要求定期对新专业开展合格评估，及时对专业进行停、撤、合并，调减连续3年就业率较低专业的招生计划，撤销已停招或连续3年不招生的专业，提高专业建设针对性和有效性。

三、报送要求

（一）请各校高度重视新专业设置工作，严格按照要求审核报送材料，并于2022年10月31日前将新专业设置文件和汇总表纸质版报送至市教委职业教育与成人教育处。同时，将学校专业发展规划、普通高校高职（专科）新专业设置汇总表、普通高校高职（专科）撤销专业汇总表（含设置年份及撤销原因）、专业设置论证报告（含专业设置的必要性、可行性以及专业人才培养方案、专业师资情况等）等一并发送到 zyjycq@163.com 邮箱。市教委将根据实际情况，对不符合专业设置条件的院校减少新专业设置数量。

（二）新设医药卫生或考取相关职业资格证书专业的高校，于2022年10月31日前提交学校请示公文；新设教育类专业的高职院校于2022年10月31日前提交市教委师范处审核。

重庆市教育委员会

2022年10月14日

附件

2022年重庆市高职院校新专业设置指南
（一）急需紧缺专业名单

序号	专业大类	专业名称	专业代码	理由
1	能源动力与材料大类	光伏工程技术	430301	重庆战略性新兴产业急需
2	能源动力与材料大类	储能材料技术	430504	重庆市战略性新兴产业急需
3	能源动力与材料大类	材料工程技术	430601	重庆市战略性新兴产业需要

续表

序号	专业大类	专业名称	专业代码	理由
4	能源动力与材料大类	光伏材料制备技术	430606	重庆市战略性新兴产业急需
5	土木建筑大类	城乡规划	440201	重庆市城市建设发展急需
6	土木建筑大类	智慧城市管理技术	440202	重庆市城市建设发展急需
7	土木建筑大类	市政工程技术	440601	重庆市城市建设发展急需
8	装备制造大类	机械制造及自动化	460104	重庆市支柱产业和新兴产业急需
9	装备制造大类	工业设计	460105	重庆市支柱产业急需
10	装备制造大类	材料成型及控制技术	460107	重庆市支柱产业急需
11	装备制造大类	模具设计与制造	460113	重庆市支柱产业急需
12	装备制造大类	工业产品质量检测技术	460119	重庆市支柱产业急需
13	装备制造大类	机电设备技术	460202	重庆市支柱产业急需
14	装备制造大类	新能源装备技术	460204	重庆市战略新兴产业急需
15	装备制造大类	铁道机车车辆制造与维护	460401	重庆市战略性新兴产业急需
16	装备制造大类	船舶工程技术	460501	重庆市战略性新兴产业急需
17	食品药品与粮食大类	医用电子仪器技术	490211	重庆市支柱产业急需
18	食品药品与粮食大类	医疗器械经营与服务	490214	重庆市大健康产业急需
19	交通运输大类	铁道机车运用与维护	500105	重庆市战略性新兴产业急需
20	交通运输大类	动车组检修技术	500108	重庆市战略性新兴产业急需
21	交通运输大类	铁道信号自动控制	500110	重庆市战略性新兴产业、智能产业急需
22	交通运输大类	铁道交通运营管理	500112	重庆市战略性新兴产业急需
23	交通运输大类	智能交通技术	500207	重庆市战略性新兴产业、智能产业急需
24	交通运输大类	城市轨道车辆应用技术	500602	重庆市战略性新兴产业急需
25	交通运输大类	城市轨道交通机电技术	500603	重庆市战略性新兴产业、智能产业急需
26	电子信息大类	电子产品制造技术	510104	重庆市支柱产业急需
27	电子信息大类	移动互联应用技术	510106	重庆市支柱产业急需
28	电子信息大类	智能产品开发与应用	510108	重庆市支柱产业、智能产业急需
29	电子信息大类	光电显示技术	510110	重庆市支柱产业、智能产业急需
30	电子信息大类	集成电路技术	510401	重庆市战略性新兴产业急需
31	电子信息大类	微电子技术	510402	重庆市战略性新兴产业急需
32	医药卫生大类	中药学	520301	重庆市支柱产业急需
33	医药卫生大类	药学	520410	重庆市支柱产业急需
34	医药卫生大类	中医康复技术	520416	重庆市社会民生和大健康产业急需
35	医药卫生大类	康复治疗技术	520601	重庆市社会民生和大健康产业急需
36	医药卫生大类	老年保健与管理	520803	重庆市社会民生和大健康产业急需
37	财经商贸大类	统计与大数据分析	530401	重庆市新零售产业急需
38	财经商贸大类	国际商务	530502	重庆市新零售产业急需

续表

序号	专业大类	专业名称	专业代码	理由
39	财经商贸大类	移动商务	530703	重庆市现代生产性现代服务业、智能制造和新零售产业急需
40	财经商贸大类	物流工程技术	530801	重庆市现代服务业急需
41	财经商贸大类	冷链物流技术与管理	530805	重庆市现代生产性现代服务业急需
42	财经商贸大类	智能物流技术	530809	重庆市现代服务业急需
43	旅游大类	休闲服务与管理	540113	重庆市新兴服务业发展需要
44	新闻传播大类	网络新闻与传播	560102	重庆市现代服务业急需
45	新闻传播大类	传播与策划	560215	重庆市文化旅游服务业急需

（二）尚未开设且鼓励增设专业名单

序号	专业大类	专业名称	专业代码	增设理由
1	农林牧渔大类	现代农业技术	410103	《成渝地区双城经济圈建设规划纲要》，明确提出"建设现代高效特色农业带"
2	农林牧渔大类	生态农业技术	410104	《成渝地区双城经济圈建设规划纲要》，明确提出"建设现代高效特色农业带"
3	农林牧渔大类	茶叶生产与加工技术	410107	对接现代农业—特色产业链：茶叶
4	农林牧渔大类	中草药栽培与加工技术	410108	对接现代农业—特色产业链：中药材
5	农林牧渔大类	农产品加工与质量检测	410114	对接现代农业—三大基础产业：粮食
6	农林牧渔大类	现代农业经济管理	410119	《成渝地区双城经济圈建设规划纲要》，明确提出"建设现代高效特色农业带"
7	农林牧渔大类	农村新型经济组织管理	410120	重庆承担全国农村集体产权制度改革试点
8	农林牧渔大类	林草生态保护与修复	410207	重庆市生态环境建设需要
9	农林牧渔大类	畜禽智能化养殖	410307	对接现代农业—特色产业链：草食牲畜
10	资源环境与安全大类	生态地质调查	420103	重庆市生态环境建设需要
11	资源环境与安全大类	摄影测量与遥感技术	420304	重庆市测绘和地理信息业发展需要
12	资源环境与安全大类	生态保护技术	420803	国家矿山生态保护修复技术中心在渝成立，需要相关人才
13	资源环境与安全大类	水净化与安全技术	420809	重庆市生态环境建设需要
14	资源环境与安全大类	智能环保装备技术	420811	重庆市生态环境建设需要
15	资源环境与安全大类	森林草原防火技术	420907	重庆市森林防火、灭火需要
16	能源动力与材料大类	水电站机电设备与自动化	430102	重庆市支柱产业发展需要
17	能源动力与材料大类	农业电气化技术	430109	重庆市能源工业发展需要
18	能源动力与材料大类	太阳能光热技术与应用	430204	重庆市战略性新兴产业发展需要
19	能源动力与材料大类	风力发电工程技术	430302	重庆市战略性新兴产业发展需要
20	能源动力与材料大类	生物质能应用技术	430303	重庆市战略性新兴产业发展需要
21	能源动力与材料大类	氢能技术应用	430304	重庆市战略性新兴产业发展需要
22	能源动力与材料大类	工业节能技术	430305	重庆市战略性新兴产业发展需要
23	能源动力与材料大类	新能源材料应用技术	430307	重庆市战略性新兴产业发展需要

续表

序号	专业大类	专业名称	专业代码	增设理由
24	能源动力与材料大类	钢铁智能冶金技术	430401	重庆市材料工业发展需要
25	能源动力与材料大类	智能轧钢技术	430402	重庆市材料工业发展需要
26	能源动力与材料大类	钢铁冶金设备维护	430403	重庆市材料工业发展需要
27	能源动力与材料大类	金属材料检测技术	430404	重庆市材料工业发展需要
28	能源动力与材料大类	有色金属智能冶金技术	430501	重庆市材料工业发展需要
29	能源动力与材料大类	金属智能加工技术	430502	重庆市材料工业发展需要
30	能源动力与材料大类	金属精密成型技术	430503	重庆市材料工业发展需要
31	能源动力与材料大类	高分子材料智能制造技术	430602	重庆市战略性新兴产业化工新材料发展需要
32	能源动力与材料大类	复合材料智能制造技术	430603	重庆市战略性新兴产业化工新材料发展需要
33	能源动力与材料大类	非金属矿物材料技术	430605	重庆市战略性新兴产业化工新材料发展需要
34	能源动力与材料大类	光伏材料制备技术	430606	《重庆市"十四五"能源规划》提出发展光伏产业
35	能源动力与材料大类	硅材料制备技术	430607	重庆市战略性新兴产业化工新材料发展需要
36	能源动力与材料大类	炭材料工程技术	430608	重庆市战略性新兴产业化工新材料发展需要
37	能源动力与材料大类	橡胶智能制造技术	430609	重庆市战略性新兴产业化工新材料发展需要
38	能源动力与材料大类	建筑材料工程技术	430701	重庆市战略性新兴产业化工新材料发展需要
39	能源动力与材料大类	新型建筑材料技术	430702	重庆市战略性新兴产业化工新材料发展需要
40	土木建筑大类	村镇建设与管理	440203	重庆市乡村振兴需要
41	水利大类	智慧水利技术	450202	重庆市战略性新兴产业发展需要
42	水利大类	水利机电设备智能管理	450303	重庆市支柱产业发展需要
43	水利大类	水生态修复技术	450403	重庆市生态环境建设需要
44	装备制造大类	现代铸造技术	460108	重庆市支柱产业发展需要
45	装备制造大类	现代锻压技术	460109	重庆市支柱产业发展需要
46	装备制造大类	工业材料表面处理技术	460111	重庆市支柱产业发展需要
47	装备制造大类	特种加工技术	460114	重庆市支柱产业发展需要
48	装备制造大类	智能光电制造技术	460115	《庆市战略性新兴产业发展"十四五"规划（2021—2025年）》重点发展产业
49	装备制造大类	电线电缆制造技术	460116	重庆市支柱产业发展需要
50	装备制造大类	内燃机制造与应用技术	460117	重庆市支柱产业发展需要
51	装备制造大类	智能制造装备技术	460201	《重庆市战略性新兴产业发展"十四五"规划（2021—2025年）》重点发展产业
52	装备制造大类	电机与电器技术	460203	重庆市支柱产业发展需要
53	装备制造大类	智能机电技术	460302	重庆市支柱产业发展需要

续表

序号	专业大类	专业名称	专业代码	增设理由
54	装备制造大类	工业自动化仪表技术	460308	重庆市战略性新兴产业发展需要
55	装备制造大类	液压与气动技术	460309	对接装备制造业
56	装备制造大类	计量测试与应用技术	460311	重庆市战略性新兴产业发展需要
57	装备制造大类	高速铁路动车组制造与维护	460402	重庆市战略性新兴产业发展需要
58	装备制造大类	城市轨道交通车辆制造与维护	460403	《重庆市城市轨道交通建设"十四五"规划（2021—2025年）》提出相关需求
59	装备制造大类	轨道交通通信信号设备制造与维护	460404	《重庆市城市轨道交通建设"十四五"规划（2021—2025年）》提出相关需求
60	装备制造大类	轨道交通工程机械制造与维护	460405	《重庆市城市轨道交通建设"十四五"规划（2021—2025年）》提出相关需求
61	装备制造大类	船舶智能焊接技术	460504	重庆市战略性新兴产业发展需要
62	装备制造大类	邮轮内装技术	460509	重庆市战略性新兴产业发展需要
63	装备制造大类	飞行器数字化装配技术	460602	重庆市战略性新兴产业发展需要
64	装备制造大类	航空装备表面处理技术	460606	重庆市战略性新兴产业发展需要
65	生物与化工大类	农业生物技术	470103	《重庆市加快生物医药产业发展若干措施》明确提出加快生物农业产业发展
66	生物与化工大类	化工生物技术	470104	重庆市战略性新兴产业发展需要
67	生物与化工大类	高分子合成技术	470206	重庆市战略性新兴产业、化工新材料发展需要
68	生物与化工大类	化工智能制造技术	470209	石油天然气化工发展需要
69	生物与化工大类	化工自动化技术	470211	石油天然气化工发展需要
70	生物与化工大类	涂装防护技术	470212	石油天然气化工发展需要
71	轻工纺织大类	纺织机电技术	480410	重庆市支柱产业发展需要
72	食品药品与粮食大类	生物制药技术	490202	《重庆市战略性新兴产业发展"十四五"规划（2021—2025年）》重点产业
73	食品药品与粮食大类	化学制药技术	490204	《重庆市战略性新兴产业发展"十四五"规划（2021—2025年）》重点产业
74	食品药品与粮食大类	医用材料与应用	490212	重庆市战略性新兴产业发展需要
75	食品药品与粮食大类	化妆品质量与安全	490218	重庆市现代服务业发展需要
76	食品药品与粮食大类	粮食工程技术与管理	490301	重庆市现代农业发展需要
77	交通运输大类	水路运输安全管理	500305	重庆市现代服务业发展需要
78	交通运输大类	城市轨道交通供配电技术	500605	重庆市战略性新兴产业发展需要
79	交通运输大类	邮政快递运营管理	500701	《加快重庆市邮政快递业高质量发展战略合作协议》人才支持
80	交通运输大类	邮政快递智能技术	500702	《加快重庆市邮政快递业高质量发展战略合作协议》人才支持
81	交通运输大类	邮政通信管理	500703	《加快重庆市邮政快递业高质量发展战略合作协议》人才支持

续表

序号	专业大类	专业名称	专业代码	增设理由
82	电子与信息大类	电子产品检测技术	510105	重庆市支柱产业发展需要
83	电子与信息大类	智能光电技术应用	510109	重庆市支柱产业发展需要
84	电子与信息大类	光电显示技术	510110	《重庆市战略性新兴产业发展"十四五"规划(2021—2025年)》重点建设产业
85	电子与信息大类	网络规划与优化技术	510308	重庆市战略性新兴产业发展需要
86	医药卫生大类	药膳与食疗	520418	重庆市大健康产业发展需要
87	医药卫生大类	放射治疗技术	520505	医药卫生产业发展需要
88	医药卫生大类	呼吸治疗技术	520506	医药卫生产业发展需要
89	医药卫生大类	生殖健康管理	520806	医药卫生产业发展需要
90	财经商贸大类	国际金融	530207	《重庆市金融改革发展"十四五"规划（2021—2025年）》提出建设西部金融中心
91	财经商贸大类	农村电子商务	530705	重庆市乡村振兴需要
92	财经商贸大类	冷链物流技术与管理	530805	《重庆市城乡冷链物流体系建设方案（2020—2025年）》提出加快冷链人才培养
93	旅游大类	研学旅行管理与服务	540105	重庆市新兴服务业发展需要
94	文化艺术大类	文物修复与保护	550404	《重庆市"十四五"文物保护和科技创新规划》加强重庆文物保护
95	公共管理与服务大类	党务工作	590102	重庆市党务工作开展需要
96	公共管理与服务大类	殡葬设备维护技术	590306	重庆市新兴服务业发展需要
97	公共管理与服务大类	陵园服务与管理	590307	重庆市新兴服务业发展需要

（三）过剩预警专业名单

序号	专业大类	专业名称	专业代码	控制理由
1	土木建筑大类	建筑装饰工程技术	440102	专业布点过多（全市12个），市场趋于饱和
2	土木建筑大类	建筑室内设计	440106	专业布点过多（全市21个），市场趋于饱和
3	土木建筑大类	建筑工程技术	440301	专业布点过多（全市27个），市场已经饱和
4	土木建筑大类	工程造价	440501	专业布点过多（全市24个），市场已经饱和
5	土木建筑大类	建设工程管理	440502	专业布点过多（全市15个），市场已经饱和
6	装备制造大类	机电一体化技术	460301	专业布点过多（全市28个），市场已经饱和
7	装备制造大类	智能控制技术	460303	专业布点过多（全市19个），市场趋于饱和
8	装备制造大类	工业机器人技术	460305	专业布点过多（全市24个），市场已经饱和
9	装备制造大类	汽车制造与试验技术	460701	专业布点过多（全市30个），市场已经饱和
10	装备制造大类	新能源汽车技术	460702	专业布点过多（全市27个），市场已经饱和

续表

序号	专业大类	专业名称	专业代码	控制理由
11	食品药品与粮食大类	药品经营与管理	490208	专业布点过多（全市12个），市场趋于饱和
12	交通运输大类	空中乘务	500405	专业布点较多（全市13个），市场需求较小
13	电子与信息大类	电子信息工程技术	510101	专业布点过多（全市16个），市场趋于饱和
14	电子与信息大类	物联网应用技术	510102	专业布点过多（全市30个），市场已经饱和
15	电子与信息大类	计算机应用技术	510201	专业布点过多（全市19个），市场趋于饱和
16	电子与信息大类	计算机网络技术	510202	专业布点过多（全市19个），市场趋于饱和
17	电子与信息大类	软件技术	510203	专业布点过多（全市19个），市场趋于饱和
18	电子与信息大类	数字媒体技术	510204	专业布点过多（全市19个），市场已经饱和
19	电子与信息大类	大数据技术	510204	专业布点过多（全市40个），市场已经饱和
20	电子与信息大类	云计算技术应用	510206	专业布点过多（全市19个），市场已经饱和
21	电子与信息大类	人工智能技术应用	510209	专业布点过多（全市22个），市场已经饱和
22	医药卫生大类	婴幼儿托育服务与管理	520802	25专业布点过多（全市27个），市场已经饱和
23	财经商贸大类	大数据与财务管理	530301	专业布点过多（全市22个），市场已经饱和
24	财经商贸大类	大数据与会计	530302	专业布点过多（全市29个），市场已经饱和
25	财经商贸大类	市场营销	530605	专业布点过多（全市24个），市场已经饱和
26	财经商贸大类	电子商务	530701	专业布点过多（全市39个），市场已经饱和
27	财经商贸大类	现代物流管理	530802	专业布点过多（全市21个），市场趋于饱和
28	教育与体育大类	学前教育	570102K	22专业布点过多（全市27个），市场已经饱和
29	教育与体育大类	电子竞技运动与管理	570312	11专业布点过多（全市27个），市场已经饱和
30	公共管理与服务大类	社区康复	590303	17专业布点过多（全市27个），市场已经饱和
31	公共管理与服务大类	现代文秘	590401	专业布点过多（全市10个），校均人数较少。且此专业点开设过多不利于整体专业结构优化

（四）限制发展专业名单

序号	专业大类	专业名称	专业代码	控制理由
1	医药卫生大类	临床医学类	520101K	由医学类院校开设，我市已布局，社会对此类专业学历要求较高
2	医药卫生大类	口腔医学	520102K	由医学类院校开设，我市已布局，社会对此类专业学历要求较高
3	医药卫生大类	中医学	520401K	由医学类院校开设，我市已布局，社会对此类专业学历要求较高

续表

序号	专业大类	专业名称	专业代码	控制理由
4	医药卫生大类	中医骨伤	520402K	由医学类院校开设，我市已布局，社会对此类专业学历要求较高
5	医药卫生大类	针灸推拿	520403K	由医学类院校开设，我市已布局，社会对此类专业学历要求较高
6	医药卫生大类	预防医学	520703K	由医学类院校开设，我市已布局，社会对此类专业学历要求较高
7	财经商贸大类	工商企业管理	530601	市场对此类人才的规格需求不在高职层次
8	财经商贸大类	连锁经营与管理	530602	市场对此类人才的规格需求不在高职层次
9	旅游大类	旅游管理	540101	专业布点过多（市数据31个），市场对此类人才的规格需求不在高职层次
10	旅游大类	酒店管理与数字化运营	540106	专业布点过多（市数据24个），市场对此类人才的规格需求不在高职层次
11	文化艺术大类	艺术设计	550101	已限艺术类招生（市数据10个），生源较少
12	文化艺术大类	环境艺术设计	550106	已限艺术类招生（市数据18个），生源较少
13	文化艺术大类	歌舞表演	550206	全市虽仅1个专业点，但该专业考生报考意愿差，生源极度不足，且此专业点开设过多不利于整体专业结构优化
14	教育与体育大类	中文	570209	全市1个专业点，在校生39人，考生报考不积极。且此专业点开设过多不利于整体专业结构优化

附录三

重庆市人民政府办公厅关于 2023 年上半年全市职业学校办学条件达标工作推进情况的通报

各区县（自治县）人民政府，市政府有关部门，有关单位：

为全面改善职业学校办学条件，进一步提高办学质量，提升办学形象，教育部等五部门于 2022 年 11 月联合下发《职业学校办学条件达标工程实施方案》，启动职业学校办学条件达标工程，明确全国职业学校办学条件重点监测指标全部达标的学校比例，到 2023 年底达到 80% 以上，到 2025 年底达到 90% 以上。按照教育部等部委有关要求，我市部署实施职业学校办学条件达标三年攻坚行动，全力推进职业学校办学条件达标工作。攻坚行动启动以来，各区县、市级有关部门和各职业学校多措并举、综合施策，协同推动全市职业学校办学条件改善取得阶段性成效。现将 2023 年上半年工作情况通报如下。

一、总体情况

按照教育部统计口径要求，我市纳入达标监测的职业学校有 131 所（不含技工学校）。截至 2023 年 6 月 30 日，全市已达标职业学校 78 所，总体达标率为 59.5%，其中，高职学校已达标 16 所、达标率 36.4%；中职学校已达标 62 所、达标率 71.3%。

（一）系统统筹部署。今年以来，我市先后印发《重庆市职业学校办学条件达标工作实施方案》《关于实施重庆市职业学校办学条件达标三年攻坚行动的通知》《重庆市职业学校办学条件达标监测工作方案》等政策文件，系统部署实施职业学校办学条件达标工作。各区县、各职业学校按照"一区一案""一校一案"原则，制定了办学条件达标工作具体方案，稳步推进项目实施，实现了良好开局。

（二）专班协同推进。市委副书记李明清多次召开市委教育工作领导小组会议研究部署职业学校办学条件达标工作；市政府成立由张安疆副市长任组长，市教委、市发展改革委、市财政局等 17 个市级部门参与的重庆市职业学校办学条件达标工作专班,统筹谋划、强力推动全市职业学校办学条件达标攻坚行动。各区县、高职院校将办学条件达标工作作为重中之重,加强组织领导,细化工作举措,加快补齐缺口和短板,持续提升办学条件。

(三)分类攻坚突破。针对不同学校基础条件和短板弱项,分类施策进行攻坚:重庆电力高专、重庆工业职院、重庆城管职院等33所学校,通过建设新校区、产教融合基地等加快改善基础设施,生均占地面积、教学行政用房面积得到较快提升;重庆工程职院、重庆工商职院、重庆化工职院等学校,通过公开招聘加快补齐教师队伍缺口,师资短缺问题得到有效缓解;万州区、涪陵区等区县,通过划转、共用等方式整合辖区教育资源,优化利用中小学闲置校舍,中职学校校园校舍缺口问题得到加快解决。长寿区在较短时间内完成8万余平方米土地划拨,解决了辖区一所中职学校长期租赁土地办学的历史遗留问题。

(四)定期调度通报。市教委建立定期调度通报工作机制,依托高职学校状态平台、中职学校信息系统等信息化平台,开展职业学校办学条件达标定期调度3次。将中职学校校园占地面积、校舍建筑面积两项指标纳入区县民生报表进行调度,有力促进了达标工作的顺利推进。

二、存在的问题

(一)职业学校办学条件总体达标率还偏低。对标教育部"到2023年底,职业学校办学条件达标率达到80%以上"要求,我市还有20个百分点的差距,未达标指标主要集中在生均校园占地面积、生均教学行政用房、生师比等方面。目前,重庆市医药经贸学校、重庆市云阳职教中心、重庆市华绣中等专业学校等15所中职学校生均校园占地面积仍不达标;重庆工贸职院、重庆安全职院、重庆应用技术职院等20所高职学校生均教学行政用房面积还有差距;重庆航天职院、重庆三峡职院、重庆青年职院等26所高职学校生师比还需降低;重庆健康职院、重庆市农业学校、重庆市酉阳职教中心等少数职业学校生均图书册数需加快补齐。

(二)部分职业学校校舍问题亟须解决。重庆海联职业学院、重庆知行卫生学校、重庆市医药科技学校、重庆市长寿行知学校等8所职业学校,还没有落实自有产权的土地或校舍,全部或绝大部分依靠租赁校舍办学,与教育部关于"学校独立产权部分应占一定比例"的设置要求不符，学校持续发展能力较弱。

（三）分类攻坚突破力度有待加强。由于管理体制、经费来源、历史遗留等原因，各职业学校关键办学指标差异很大。部分学校地处城区中心，校园占地、校舍面积拓展困难；部分学校由于不断扩大招生规模，办学资源被稀释；部分学校受用人机制所限，教师编制长期得不到解决，导致专任教师、"双师型"教师队伍建设有较大差距；部分学校办学经费仍然短缺，教学仪器设备、图书设备添置更新明显跟不上发展需求，有关区县、职业院校还需进一步加强分类攻坚突破力度。

三、下一步工作要求

各区县、有关市级部门、各职业学校要按照全市职业学校办学条件重点监测指标全部达标的学校比例到2023年底达到80%以上，到2025年底达到90%以上的总体目标，进一步加快推进办学条件达标各项工作。

（一）压实各方责任。按照"谁审批谁监管，谁主管谁负责"原则，压紧压实学校及学校举办者、主管者责任，加强横向联动、纵向推进，及时研究解决达标工作中出现的困难和问题。市教委加强统筹调度和督促指导。

（二）实施攻坚行动。各区县、各职业学校和有关部门，要按照办学条件达标三年攻坚行动有关要求，围绕办学条件缺口，加快补齐短板，确保每年度目标任务均如期完成。同时，对前期已经达标的职业学校，继续指导督促学校举办者加大办学投入，提升办学条件，保持好达标状态。

（三）开展达标监测。市教委牵头，通过第三方评估机构采取数据动态监测、佐证材料审核与进校实地核查相结合的方式，对办学条件达标工作开展常态化监测，力争3年内实现对各区县、各职业学校监测全覆盖。

（四）严格考核激励。把职业学校办学条件达标情况纳入对区县人民政府履行教育职责评价、职业教育改革成效明显区县激励考核范畴，作为市属高职院校事业发展考核的重要内容。对不达标的职业学校，原则上不批准新增专业设置，不纳入国家"双高计划""双优计划"等重点项目。到2025年底仍不能达标的学校，将采取调减招生计划、调整资金分配等措施予以督促。

附件：1.各区县中职学校办学条件达标情况一览表

2.各高职学校办学条件达标情况一览表

重庆市人民政府办公厅

2023 年 8 月 10 日

附件 1

各区县中职学校办学条件达标情况一览表

区县	纳入监测学校总数	已达标学校			未达标学校			辖区学校达标率
		数量	名称	主管单位	数量	名称	主管单位	
万州区	5	3	重庆市三峡水利电力学校	区教委	2	重庆市万州现代信息工程学校	区教委	60%
			重庆市万州电子信息工程学校			重庆万州商贸中等专科学校		
			重庆市万州职业教育中心					
黔江区	1	0			1	重庆市黔江区民族职业教育中心	区教委	0%
涪陵区	5	5	重庆市涪陵区职业教育中心	区教委				100%
			重庆市涪陵第一职业中学校					
			重庆市医药卫生学校					
			重庆市涪陵信息技术学校					
			重庆市涪陵创新计算机学校					
渝中区	4	2	重庆市工业学校	市经济信息委	2	重庆知行卫生学校	区教委	50%
			重庆市渝中职业教育中心	区教委		重庆市医药经贸学校	重庆化医新天投资集团有限公司	

续表

区县	纳入监测学校总数	已达标学校			未达标学校			辖区学校达标率
		数量	名称	主管单位	数量	名称	主管单位	
大渡口区	2	2	重庆市旅游学校	区教委				100%
			重庆市商务学校					
江北区	2	2	重庆市两江职业教育中心	区教委				100%
			重庆市女子职业高级中学					
沙坪坝区	4	1	重庆市立信职业教育中心	区教委	3	重庆光华女子职业中等专业学校	区教委	25%
						重庆市南丁卫生职业学校	区教委	
						重庆市体育运动学校	市体育局	
九龙坡区	3	3	重庆市工艺美术学校	区教委				100%
			重庆市九龙坡职业教育中心					
			重庆舞蹈学校					
南岸区	2	1	重庆市龙门浩职业中学校	区教委	1	重庆市医药科技学校	市药监局	50%
北碚区	4	3	四川仪表工业学校	市经济信息委	1	重庆市矿业工程学校	市发展改革委	75%
			重庆市轻工业学校	市经济信息委				
			重庆市北碚职业教育中心	区教委				
渝北区	4	4	重庆市渝北区蜀都职业技术学校	区教委				100%
			重庆市渝北职业教育中心					
			重庆经济建设职业技术学校					
			重庆市渝北区竟成中学校					
巴南区	6	6	重庆工业管理职业学校	区教委				100%
			重庆艺术学校	市文化旅游委				
			重庆人文艺术职业学校	区教委				
			重庆市巴南职业教育中心	区教委				
			重庆市公共卫生学校	区教委				
			重庆市护士学校	区卫生健康委				
长寿区	2	1	重庆市医药学校	区教委	1	重庆市长寿行知学校	区教委	50%
江津区	2	2	重庆工商学校	区教委				100%
			重庆市江南职业学校					

续表

区县	纳入监测学校总数	已达标学校			未达标学校			辖区学校达标率
		数量	名称	主管单位	数量	名称	主管单位	
合川区	3	2	重庆市茂森中等职业学校	区教委	1	重庆市合川卫生学校	区教委	66.7%
			重庆市育才职业教育中心					
永川区	6	3	重庆市永川职业教育中心	区教委	3	重庆市农业机械化学校	市农业农村委	50%
			重庆市经贸中等专业学校	市供销合作社		重庆华绣中等专业学校	区教委	
			重庆市永川民进学校	区教委		重庆市渝西卫生学校	区教委	
南川区	1	1	重庆市南川隆化职业中学校	区教委				100%
綦江区	3	1	重庆市綦江区职业技术学校	区教委	2	重庆市医科学校	区卫生健康委	33.3%
						重庆市綦江职业教育中心	区教委	
大足区	1	1	重庆市大足职业教育中心	区教委				100%
璧山区	1	0			1	重庆市璧山职业教育中心	区教委	0%
铜梁区	1	0			1	重庆市铜梁职业教育中心	区教委	0%
潼南区	1	1	重庆市潼南职业教育中心	区教委				100%
荣昌区	1	1	重庆市荣昌区职业教育中心	区教委				100%
开州区	2	2	重庆市开州区巨龙中等职业技术学校	区教委				100%
			重庆市开州区职业教育中心					
梁平区	2	2	重庆市梁平职业教育中心	区教委				100%
			重庆市梁平职业技术学校					
武隆区	1	0			1	重庆市武隆区职业教育中心	区教委	0%
城口县	1	0			1	重庆市城口县职业教育中心	县教委	0%
丰都县	1	1	重庆市丰都县职业教育中心	县教委				100%
垫江县	3	3	重庆市垫江县职业教育中心	县教委				100%
			重庆市垫江县第一职业中学校	县教委				
			重庆市渝东卫生学校	县卫生健康委				
忠县	1	1	重庆市忠县职业教育中心	县教委				100%
云阳县	1	0			1	重庆市云阳职业教育中心	县教委	0%
奉节县	2	1	重庆市奉节职业教育中心	县教委	1	重庆市三峡卫生学校	县卫生健康委	50%

续表

区县	纳入监测学校总数	已达标学校			未达标学校			辖区学校达标率
		数量	名称	主管单位	数量	名称	主管单位	
巫山县	1	1	重庆市巫山县职业教育中心	县教委				100%
巫溪县	1	1	重庆市巫溪县职业教育中心	县教委				100%
石柱县	1	1	重庆市石柱土家族自治县职业教育中心	县教委				100%
秀山县	1	0			1	重庆市秀山土家族苗族自治县职业教育中心	县教委	0%
酉阳县	1	1	重庆市酉阳职业教育中心	县教委				100%
彭水县	1	1	彭水苗族土家族自治县职业教育中心	县教委				100%
两江新区	1	1	重庆财政学校	市财政局				100%
西部科学城重庆高新区	1	0			1	重庆市农业学校	市农业农村委	0%
万盛经开区	1	1	重庆市万盛职业教育中心	区教委				100%

说明：1. 中等职业学校办学条件重点监测指标包含校园占地面积、生均用地面积、校舍建筑面积、生均校舍建筑面积、专任教师数量、生师比、仪器设备总值、生均仪器设备值、生均图书，共9项指标。
2. 数据来源于全国中等职业学校管理信息系统工作台中职办学条件达标调度表（2023年7月）。

附件2

各高职学校办学条件达标情况一览表

已达标学校（16所）

序号	学校
1	重庆电力高等专科学校
2	重庆工业职业技术学院
3	重庆电子工程职业学院
4	重庆工程职业技术学院
5	重庆建筑科技职业学院
6	重庆三峡医药高等专科学校
7	重庆能源职业学院
8	重庆商务职业学院
9	重庆交通职业学院
10	重庆公共运输职业学院

续表

序号	学校
11	重庆经贸职业学院
12	重庆文化艺术职业学院
13	重庆护理职业学院
14	重庆理工职业学院
15	重庆工信职业学院
16	重庆五一职业技术学院

未达标学校（28所）

序号	学校	未达标指标情况
1	重庆航天职业技术学院	生师比
2	重庆传媒职业学院	生均教学行政用房面积
3	重庆城市管理职业学院	生均教学行政用房面积
4	重庆水利电力职业技术学院	生师比
5	重庆青年职业技术学院	生师比
6	重庆建筑工程职业学院	生师比
7	重庆化工职业学院	生师比
8	重庆三峡职业学院	生师比、生均图书册数
9	重庆工贸职业技术学院	生师比、生均教学行政用房面积
10	重庆海联职业技术学院	生师比、生均图书册数
11	重庆信息技术职业学院	生师比、生均教学行政用房面积
12	重庆城市职业学院	生师比、生均教学行政用房面积
13	重庆工商职业学院	生师比、生均教学行政用房面积
14	重庆应用技术职业学院	生师比、生均教学行政用房面积
15	重庆医药高等专科学校	生师比、生均教学行政用房面积
16	重庆财经职业学院	生师比、生均教学行政用房面积
17	重庆科创职业学院	生师比、生均教学行政用房面积
18	重庆电讯职业学院	生师比、生均教学行政用房面积
19	重庆旅游职业学院	生师比、生均教学行政用房面积
20	重庆安全技术职业学院	生师比、生均教学行政用房面积
21	重庆幼儿师范高等专科学校	生师比、生均教学行政用房面积
22	重庆健康职业学院	生师比、生均图书册数
23	重庆艺术工程职业学院	生师比、生均教学行政用房面积、生均图书册数
24	重庆轻工职业学院	生师比、生均教学行政用房面积、生均图书册数
25	重庆智能工程职业学院	生师比、生均教学行政用房面积、生均图书册数
26	重庆电信职业学院	生师比、具有研究生学位教师占专任教师比例、生均教学行政用房面积、生均图书册数
27	重庆科技职业学院	生师比、生均教学科研仪器设备值、生均教学行政用房面积、生均图书册数
28	重庆资源与环境保护职业学院	生师比、生均教学科研仪器设备值、生均教学行政用房面积、生均图书册数

说明：1. 高职学校办学条件重点监测指标包含生师比、具有研究生学位教师占专任教师的比例、生均教学行政用房面积、生均仪器设备值、生均图书册数，共5项指标。

2. 数据来源于全国高等职业学校人才培养工作状态数据采集与管理平台职业学校办学条件达标工程调度表（2023年7月）。

附录四

重庆市人民政府办公厅关于印发打造市域产教联合体深化现代职业教育改革实施方案的通知

各区县（自治县）人民政府，市政府各部门，有关单位：

《打造市域产教联合体深化现代职业教育改革》已经市政府同意，现印发给你们，请认真贯彻执行。

重庆市人民政府办公厅

2023 年 9 月 17 日

打造市域产教联合体深化现代职业教育改革实施方案

为深入贯彻党中央、国务院关于深化现代职业教育体系建设改革有关决策部署，加快打造具有重庆辨识度的市域产教联合体，进一步深化全市现代职业教育改革，特制定本实施方案。

一、目标要求

坚持以习近平新时代中国特色社会主义思想为指导，全面贯彻党的二十大精神，深入落实市委六届二次、三次全会部署，以优化资源配置为重点，以创新人才培养模式为核心，以服务产业发展为宗旨，创新组建实体化运行的市域产教联合体，以教促产、以产助教、产教融合、产学合作，不断提高技术技能人才培养质量，优化技术技能人才供给结构和成长环境，持续延伸教育链、服务产业链、支撑供应链、打造人才链、提升价值链，推动形成同市场需求相适应、产业结构相匹配的现代职业教育体系，加快打造全国职业教育高质量发展引领区，为社会主义现代化新重庆建设提供坚实的人才和技能支撑。

2023 年，围绕"33618"现代制造业集群体系，组建一批市级产教联合体、产业园区牵头产教联合体、行业企业牵头产教联合体、学校牵头产教联合体，培育市级产教融合试点区县 3 个、产教融合型企业 50 家，申报建成国家级产教联合体 1 个、产教融合试点区县 1 个、产教融合型企业 2 家，高技能人才在技能人才中占比达到 35%。到 2025 年，组织开展建设过程绩效考核评估，遴选一批示范性产教联合体并给予重点支持和宣传推广。到 2027 年，实现市级以上重点园区、高职院校、规模以上企业参与产教联合体全覆盖，申报建成国家级产教联合体 5 个、产教融合试点区县 2 个、产教融合型企业 3 家，高技能人才在技能人才中占比达到 45%；搭建起中高本硕纵向贯通、职普横向融通的"立交桥"，实现职业教育、高等教育、继续教育协同创新，建成职普融通、产教融合、科教融汇的现代职业教育体系，全市职业教育综合实力领跑中西部、位居全国前列，服务经济社会发展能力显著提升。

二、分层级组建产教联合体

由市级行业主管部门、产业园区、行业企业、高等学校和职业院校牵头，围绕打造"33618"现代制造业集群体系及现代服务业、现代农业等产业集群发展，分级分类组建多跨协同的市域产教联合体。

1. 组建一批市级产教联合体。由市级行业主管部门牵头，围绕全市具有引领性、示范性、带动性的重点产业集群，打造一批市级产教联合体，引领带动全市职业教育人才培养和创新创业，促进现代产业高质量发展。2023 年，市经济信息委、市教委共同牵头，依托两江新区、西部科学城重庆高新区、西彭工业园区、长寿经开区、涪陵高新区等新（园）区，组建重庆市智能网联新能源汽车、新一代电子信息制造业、先进材料等 3 个市级产教联合体；到 2027 年，聚焦全市重点产业集群，打造 8 个市级产教联合体。（责任单位：市经济信息委、市教委，有关区县政府）

2. 组建一批由产业园区牵头的产教联合体。由产业集聚程度高的园区牵头，统筹相关行业企业、职业院校、高等学校、科研机构，瞄准智能装备及智能制造、食品及农产品加工、软件信息服务、生物医药等千亿级重点产业集群，组建一批产教联合体，提升高素质技术技能人才培养质量，服务区域经济社会高质量发展。2023 年，打造 5 个由产业园区牵头的产教联合体；到 2027 年，打造 15 个由产业园区牵头的产教联合体。（责任单位：有关区县政府，市经济信息委、市教委）

3. 组建一批由行业企业牵头的产教联合体。由京东方、宗申动力、海辰储能、西南铝业等行业企业牵头，围绕新型显示、高端摩托车、新能源及新型储能、合成材料、现代农业、现代服务业等特色优势产业集群，组建由学校、科研机构、上下游企业等共同参与的产教联合体，集聚资金、技术、人才等要素，制定行业人才培养标准，建设共性技术服务平台，打通科研开发、技术创新、成果转移链条，提升服务行业企业发展能力。2023年，打造由行业企业牵头的产教联合体5个；到2027年，打造由行业企业牵头的产教联合体15个。（责任单位：市经济信息委、市教委）

4．组建一批由学校牵头的产教联合体。由高等学校或职业院校牵头，围绕产业转型升级和企业岗位需求，联合应用型本科院校、科研机构、企业等多方共建现代产业学院、现场工程师学院等产教联合体，汇聚产教资源，支撑人才培养，服务行业企业技术改造、工艺改进、产品升级。2023年，组建由学校牵头的产教联合体5个；到2027年，组建由学校牵头的产教联合体30个。（责任单位：市教委）

三、建立产教联合体实体化运行机制

采取设立理事会、搭建运营平台等多种形式，建立多元协同、共建共管的产教联合体治理模式，实现组织完备、机制健全、运行高效的实体化运行。

5．设立产教联合体理事会。产教联合体内成立由牵头部门、产业园区、行业企业、学校、科研机构等多方参与的理事会，作为产教联合体最高决策机构。理事会设理事长1名，副理事长若干名，理事长由牵头单位负责人担任，副理事长在产教联合体成员单位中产生。在牵头单位设秘书处，配备专兼职工作人员，负责理事会日常工作。秘书处运行经费由牵头单位筹措。（责任单位：市级有关部门，有关区县政府）

6．搭建产教联合体运营平台。鼓励支持产教联合体根据运行需要，搭建由政府（园区）、学校、企业、科研机构等多方投入的具有公益性质的法人实体运营平台。运营平台可因地制宜实行理事会领导下的职业经理人负责制，职业经理人由理事会聘任，工作人员可从产教联合体成员单位抽调。平台负责市级有关部门委托项目的管理与运营，统筹人才供需对接，推动成果转移转化，推进产业学院、产教融合实践中心等建设。（责任单位：有关区县政府，市教委、市经济信息委）

7. 探索混合所有制改革。产教联合体成员单位通过投入资金、技术、设备、场地、管理等方式，共建具有混合所有制性质的现代产业学院、现场工程师学院、工匠学院、开放型区域产教融合实践中心、生产性实训基地、技能培训基地、技术服务中心等机构（平台），参与各方可按照股份占比、贡献度等依法进行效益分配。（责任单位：市教委、市财政局）

四、构建供需对接资源共建模式

汇聚产教联合体成员单位特色职业教育资源，共建共享师资队伍、教学资源、产业学院、实训基地等，促进教育链、人才链与产业链、创新链紧密结合。

8. 优化互聘互用灵活用人机制。实行固定岗与流动岗相结合的灵活用人机制。支持产教联合体内职业院校聘请成员单位技术技能人才参与人才培养培训、技术研发服务等工作，构建专兼结合的"双师型"教师团队。支持产教联合体内企业聘请成员学校人才开展产品研发、技术改进、工艺革新、流程再造及制度建设等工作。2023年，产教联合体内企业设立市级示范性教师实践流动站20个，产教联合体内职业院校"双师型"教师占专业教师的比例达到60%以上；到2027年，产教联合体内企业设立市级示范性教师实践流动站60个，产教联合体内职业院校"双师型"教师占专业教师的比例达到70%以上。（责任单位：市人力社保局、市教委，有关区县政府）

9. 打造紧跟产业发展的教学资源。健全具有职业教育特色、符合职业岗位需求和数字素养培育要求的课程资源建设机制，将产教联合体内企业真实生产项目、典型工作任务、经典案例等转换为成员学校课程资源，校企共同建设一批专业教学资源库和课程标准、考核标准、实训标准，共同开发一批优质数字化课程资源，实现课程内容与行业标准对接。2023年，产教联合体内校企共建市级职业教育专业教学资源库80个、在线精品课程100门、规划教材100种；到2027年，产教联合体内校企共建市级职业教育专业教学资源库150个、在线精品课程180门、规划教材200种。（责任单位：市教委）

10. 建设开放型区域产教融合实践中心。通过政府搭台、多元参与、市场驱动，在产教联合体内建设一批公共实践中心，为产教联合体成员单位提供实践教学、社会培训、技术服务。采取"校中厂""厂中校"等方式，校企共建一批实践中心,推动学校人才培养与企业生产运行无缝衔接。2023年,产教联合体内校企共建市级开放型区域产教融合实践中心1个;到2027年,产教联合体内校企共建市级开放型区域产教融合实践中心10个。(责任单位:市教委、市发展改革委、市经济信息委、市人力社保局)

五、建立多元共育人才培养体系

通过深化招考制度改革、完善专业共建机制、实施中国特色学徒制等方式,推动产教联合体各类主体深度参与职教人才培养全过程各环节,提升技术技能人才培养质量,服务学生个性化、差异化发展。

11. 深化考试招生制度改革。优化招生计划分配方式,增加产教联合体内高职院校招收中职学校毕业生计划;支持产教联合体内本科层次职业院校和应用型本科高校增加"职教高考"本科招生计划;建立与产教联合体内行业企业需求相适应的招生计划分配调整机制。健全"文化素质+职业技能"考试招生办法,研究制定高职分类考试改革方案,逐步建立考试科类、科目、内容与经济社会、行业产业、中高职专业设置、中职毕业生规模相适应的动态调整机制。推进"专升本"选拔方式改革。(责任单位:市教委)

12. 完善校企合作专业共建机制。精准对接行业产业和经济社会发展需求,动态调整优化产教联合体内学校专业结构布局。支持产教联合体成员单位共建智能网联新能源汽车、新一代电子信息制造业、先进材料等重点产业急需专业,加快开设护理、康养、托育、家政等紧缺专业,改造升级医药、建材、轻纺等领域传统专业,撤并淘汰供给过剩、就业率低、职业岗位消失的专业;鼓励建设产教联合体成员单位紧缺、符合市场需求的专业,加快形成紧密对接产业链、创新链的专业体系。2023年,产教联合体内校企共建专业比例达到70%以上;到2027年,产教联合体内校企共建专业比例达到90%以上。(责任单位:市教委)

13. 创新双向贯通人才培养改革。支持产教联合体内高职院校整合优质资源,试点开设职业本科教育专业,推动创建本科层次职业院校。支持产教联合体成员学校开展集团化办学,加快推进各层级技术技能人才一体化培养改革,实现专业设置、培养目标、课程体系、培养过程、考核评价等衔接贯通,开展"4+1"职教本科、"3+2+2"中高本一体化等人才培养试点。开展综合高中改革试点。(责

任单位：市教委）

14. 深化中国特色学徒制改革。支持产教联合体成员单位联合开设订单班、定制班、冠名班、委托培养班、现场工程师培养班，采取校企"双元育人、工学交替、双重身份、岗位培养、在岗成才"方式，基于产教联合体内企业真实生产任务灵活组织教学，推动教学过程与生产过程深度融合。引导企业按岗位总量的一定比例设立学徒岗位，实现"入学即入职、毕业即就业"。2023 年，在产教联合体内实施"现场工程师"培养计划项目 20 个，建设市级现代产业学院 20 个，选择 3 个左右专业开展现场工程师、优秀工程师、卓越工程师接续递进培养试点；到 2027 年，在产教联合体内实施"现场工程师"培养计划项目 50 个，建设市级现代产业学院 60 个，选择 10 个左右专业开展现场工程师、优秀工程师、卓越工程师接续递进培养试点。（责任单位：市教委）

六、拓展教产互促服务发展方式

通过建设共性技术服务平台、示范性职工培训基地等路径，打通产教联合体成员单位科研开发、技术创新、成果转移链条，有效服务国家重大战略、全市经济社会发展。

15. 实施就业创业促进计划。推行产教联合体成员单位就业优先战略。对符合条件的吸纳毕业年度或离校 2 年未就业高校毕业生的企业按规定落实社保补贴等政策。实施"渝创渝新"大学生创业启航计划、加速计划和"优创优帮"大学生创业扶持计划，对每年遴选的优质毕业生创业项目给予资助，加速项目成长和成果落地转化。到 2027 年，产教联合体内职业院校毕业生去向落实率不低于 90%。（责任单位：市人力社保局、市教委）

16. 建设共性技术服务平台。由产教联合体理事会主导，依托产教联合体成员学校、科研机构和重点企业建立成果转化中试基地，发布技术服务清单，面向产教联合体成员单位初创成果或原始技术提供实验技术二次开发和中试熟化等研发设计外包服务。制定产教联合体共性技术服务平台建设标准，打通科研开发、技术创新、成果转移链条，为成员企业提供技术咨询与服务，促进中小企业技术创新、产品升级。2023 年，在产教联合体内建设中试基地 3 个、共性技术服务平台 5 个；到 2027 年，在产教联合体内建设中试基地 10 个、共性技术服务平台

15个。（责任单位：市科技局、市教委）

17. 建设示范性职工培训基地。针对行业企业转型升级对技术技能人才的需求，动态调整职工培训项目目录，"靶向式""菜单化"开展岗前培训、岗位培训、继续教育等。校企联合制订培训规划、联合组织培训实施，遴选建设职工培训基地，切实提升企业员工的技术技能水平和岗位适应能力。2023年，在产教联合体内建设市级示范性职工培训基地20个；到2027年，在产教联合体内建设市级示范性职工培训基地50个，为成员企业年均提供职工培训不低于2万人次。（责任单位：市教委、市人力社保局）

18. 促进技术成果转移转化。积极发挥重庆科技服务大市场、重庆市产学研合作促进会、重庆市高校科技成果转化服务中心等科技服务机构作用，大力推广产教联合体成员单位技术成果，促进科技要素交流与融合，推动技术成果向金凤、明月湖、迎龙等重点科创园区转化。依托国家技术转移人才培养基地（重庆）开展技术经纪人培训，提升产教联合体内人员技术转移服务能力。到2027年，产教联合体成员高校科技成果转化合同金额提升20%以上。（责任单位：市科技局、市教委）

七、推动数字赋能智慧治理

通过搭建一体化智能化应用平台、建设产教联合体智慧管理系统等举措，整体提升劳动者数字素养与技能水平，为服务构建现代化产业体系和技能人才智慧培养体系提供坚实支撑。

19. 搭建一体化智能化应用平台。搭建人才供需信息服务平台，汇集产教联合体内企业岗位需求、学校人才供给、技术产品研发、校企合作项目等信息，促进产业需求侧和教育供给侧要素深度融合。搭建智慧教育教学平台，在产教联合体内建设一批虚拟仿真实训基地、虚拟实验室、虚拟教研室，全面提升数字化教学水平。搭建技能学分"数字银行"服务平台，在产教联合体内试点开展培训学习成果互认、学分互换，以数字赋能推动终身学习体系建设。（责任单位：市经济信息委、市教委）

20. 加强数字化系统运维管理。深度整合产教联合体内各类信息系统，建设集教育教学、企业运营、政务管理于一体，统一入口、统一认证，支持多终端访问的智慧管理系统。加强产教联合体内各类应用系统和数据资产的全生命周期管理,构建高效便捷、安全可靠、按需使用的数据管理运行机制,明确应用系统需求梳理、立项建设、运维管理等责任,使数字化、信息化更好驱动产教联合体管理模式和运行方式创新。(责任单位:市经济信息委、市教委)

21．加强产教联合体智慧管理系统运用。加强多元数据关联分析和深度挖掘应用,运用大数据、云计算、人工智能等新技术,实施项目建设全过程数字化监管与评价,建立大数据分析模型,构建数据可视化驾驶舱,实现产教联合体重要数据在线呈现、关键指标动态分析,准确反映产教联合体发展现状和趋势。充分发挥产教联合体科技创新优势,积极布局拓展数字化场景应用,及时将智慧化成果转化为"数字生活"红利,促进产教联合体更好地凝聚育人合力、促进产业发展、服务社会发展。(责任单位:市经济信息委、市教委)

八、组织保障

发挥党委政府在组织领导、规划指引、政策支持、评价激励等方面的作用,制定支持产教联合体组建运行的政策措施,形成有利于产教联合体建设发展的制度环境和良好生态,确保各项改革举措落地见效。

22．建立专班机制。市级层面成立工作专班,市发展改革委、市教委、市科技局、市经济信息委、市财政局、市人力社保局、市国资委,重庆市税务局、国家金融监督管理总局重庆监管局等市级有关部门参加,其主要任务是统筹推进全市产教联合体建设工作,研究制定产教联合体建设政策措施,协调解决产教联合体管理运行中的重要问题,督促检查产教联合体建设运行成效。专班办公室设在市教委。有关区县参照成立工作专班。

23．加大政策支持。构建系统集成、配套完善的政策保障体系,促进产业、财政、科技、金融、人才等政策相互衔接。优先将产教联合体成员学校纳入教育强国推进工程储备项目库,并对符合条件的项目予以重点支持。统筹职业教育资金,优先支持产教联合体建设,并根据各产教联合体的建设任务和绩效评价结果安排奖补资金。优先将符合条件的产教联合体产教融合项目纳入地方政府专项债券支持范围。

24．加强典型带动。遴选一批产教联合体开展试点示范,提炼推广一批试点示范最佳实践案例。鼓励区县政府先行先试，创新产教联合体建设模式、路径、机制，及时总结形成可复制、可推广、可借鉴的典型经验。加大产教联合体建设宣传力度，形成以点带面、示范带动效应，大力营造全社会充分了解、积极支持、主动参与产教联合体建设的良好氛围。

25. 强化考核评价。对各项重点目标任务实行清单管理，建立全覆盖、多层次考核机制，科学合理设置考核指标，体现差异化要求，确保各项改革任务全面落地落实。将产教联合体建设运行情况纳入相关区县政府履行教育职责评价考核指标，作为评选职业教育改革成效明显区县重要参考，完善以绩效与贡献为导向的支持职业教育高质量发展的长效机制。对推进产教联合体建设作出突出贡献的单位和个人给予表扬。

附件

打造市域产教联合体政策事项清单

序号	牵头单位	具体内容
1	市发展改革委	1. 培育建设产教融合型企业，出台产教融合型企业认定标准。对积极参与产教联合体的企业，优先纳入产教融合型企业建设培育范围，在其通过认定后，落实产教融合型企业的相关激励优惠政策。 2. 立项建设市级产教融合试点区县。 3. 优先将产教联合体成员学校纳入教育强国推进工程储备项目库。 4. 支持产教联合体内高职院校和应用型本科院校建设高水平、专业化、开放型产教融合实训基地
2	市教委	1. 牵头出台混合所有制办学实施办法。 2. 制定"金融＋财政＋土地＋信用"组合式激励政策。 3. 建立职业教育专业动态调整机制。 4. 推进职业教育招生制度考试改革。 5. 出台职业教育贯通人才培养管理办法。 6. 制定高职分类考试改革方案
3	市科技局	1. 支持搭建全市科技成果转移转化平台，促进科技成果的转化应用。 2. 引导区县与职业院校共建新型研发机构等技术研发和服务平台，积极吸纳职业教育人才拓展技术服务市场
4	市经济信息委	1. 搭建制造业专业技术人员继续教育平台。 2. 推行产业规划和人才需求发布制度，引导高等学校、职业院校紧贴市场需求和就业形势，促进专业布局与当地产业结构紧密对接

续表

序号	牵头单位	具体内容
5	市财政局	1. 在市级现有职业教育资金中统筹安排适当奖补资金，根据职业院校在示范性产教联合体建设中承担的任务及绩效评价结果予以奖补。 2. 配合市教委、市人力社保局、市经济信息委等行业主管部门，统筹部门有关项目经费优先用于支持产教联合体建设。 3. 将符合条件的职业教育产教融合项目纳入地方政府专项债券支持范围
6	市人力社保局	1. 支持职业院校、科研院所等事业单位专业技术人员兼职兼薪和在职创办科技型企业，取得的合法收入不纳入事业单位绩效工资总量管理。 2. 鼓励产教联合体内职业院校学生到相关企业就业，优先落实高校毕业生就业扶持政策。 3. 鼓励产教联合体企业、职业院校联合开展职业技能培训，优先纳入补贴性职业技能培训计划。 4. 设立的人才项目，优先鼓励产教联合体申报或委托理事会管理运营
7	重庆市税务局	1. 企业投资兴办的职业教育学校，取得非营利组织免税资格的，其取得捐赠收入为企业所得税免税收入。 2. 对设在西部地区的从事教育服务业的企业，如主营业务属于《西部地区鼓励类产业目录》中规定的产业项目，且主营业务收入占企业收入总额60%以上，减按15%税率征收企业所得税。 3. 产教融合型企业兴办职业教育的投资符合规定的，可按投资额30%的比例抵免当年应缴教育费附加和地方教育附加。 4. 对参与产教联合体的企业按照相关规定落实好税收优惠政策
8	国家金融监督管理总局重庆监管局	1. 鼓励银行业金融机构加大产教联合体建设项目贷款投放力度，加大项目营运期间流动资金贷款支持，合理匹配贷款期限与项目期限。对产教联合体内的企业和项目，建立贷款审批及放款流程绿色通道。对产教联合体牵头企业加大融资服务指导。 2. 鼓励银行业金融机构针对产教联合体内企业和项目的运营特点，差异化设计金融产品，增强个性化、定制化保险产品对企业、项目保障作用的发挥，探索通过股权融资、基金投资、投贷联动等方式加大金融支持。 3. 引导金融机构通过提供优惠利率贷款、信用贷款和扩大中长期贷款发放规模、承销债券等措施，支持产教联合体内企业拓宽融资渠道，促进企业综合融资成本稳中有降。 4. 优化信用风险分担，探索建立"担保机构＋银行机构"的风险分担机制，优化担保流程、降低担保费率，加大产教联合体内企业和项目的增信力度，提高融资获得率